红色英模故事丛书①

全军挂像英模故事

马 瑛 编著

北京工业大学出版社

图书在版编目（CIP）数据

全军挂像英模故事／马瑛编著．—北京：北京工业大学出版社，2021.7

（红色英模故事丛书）

ISBN 978-7-5639-7970-7

Ⅰ．①全… Ⅱ．①马… Ⅲ．①中国人民解放军－军队英雄－先进事迹 Ⅳ．① K825.2

中国版本图书馆 CIP 数据核字（2021）第101233号

全军挂像英模故事

QUANJUN GUAXIANG YINGMO GUSHI

编　　著：	马　瑛
责任编辑：	曹　媛
封面设计：	群睿文化
出版发行：	北京工业大学出版社
	（北京市朝阳区平乐园100号　邮编：100124）
	010-67391722（传真）　bgdcbs@sina.com
经销单位：	全国各地新华书店
承印单位：	河北印之杰印刷有限公司
开　　本：	880毫米 × 1230毫米　1/32
印　　张：	5
字　　数：	90千字
版　　次：	2021年7月第1版
印　　次：	2021年7月第1次印刷
标准书号：	ISBN 978-7-5639-7970-7
定　　价：	25.00元

序

致敬英雄：人类共同的精神渴望

英雄，是铭记在民族成长历程中的一个个记忆，标记着民族生生不息、奋进向前的过往。

英雄，是烙刻在民族前进道路上的一个个星座，指引着民族不懈奋斗、追逐梦想的未来。

中国人民解放军建军近百年的奋斗历史，涌现出无数英雄模范，本书所选取的只是其中的一部分。然而编辑并阅读这些英雄的故事，仍然带给我们巨大的心灵冲击。

阅读英雄的故事，犹如在茫茫大海中航行时仰望天上的星辰，告诉我们人生的定位与前进的方向，虽然海波颠荡，却始终能够瞄准他们所映照的精神高地砥砺奋进，又像是穿透黑暗与迷茫的抹抹精神灵光，昭示着我们每个人与国家民族共命运的至深道理。

阅读英雄的故事，仿佛重现了一代代军人为革命为建设战斗不息、鞠躬尽瘁，让我们明白在这条血与火、汗与泪的奋斗道路上，什么叫作筚路蓝缕，什么叫作勇往直前；又仿佛是穿透这些英雄背后的历史与现实，让我们知道是什么支撑起一代代人的接力奋斗，一代代人的传承与发扬。

阅读英雄的故事，好像我们不自觉地融入英雄们的生命，让我们明白平凡与非凡看似在一刹那转换，而在居功至伟的背后却是信仰与追求在内心的深厚积淀，是对奋斗目标的执着坚守与绝不动摇。让我们明白英雄不是成功学教科书里教出来的模式，而是要把自己融入时代的洪流中寻找自己的人生方向。

阅读英雄的故事，如同我们经历了那么多的历史大事，无论是战争年代还是改革开放时代，无论是烽火硝烟中面临生死考验，还是和平年代中居安思危，捍卫红色政权和国家安全的主题却永远不变。而英雄的精神光芒，也不应只属于他们个人，而是归于中华民族的精神血脉，融入人民解放军的红色基因，编辑进入铭刻于内心深处、抹不掉的中华民族伟大复兴的基因序列。

时代是造就英雄的最大最好舞台，"数风流人物，还看今朝"。阅读英雄故事，传承英雄精神，铸就英雄品格，成就英雄伟业，应当也必将激励无数青年一代建功立业，成为新时代的重要精神动力。

编者

2020年12月29日

目　录

张思德：为人民服务的楷模……………………………**1**

　　　长征期间，他试滑溜索，争尝毒草，智救战友……对待他人，他永远笑意温暖，奋不顾身。在延安时，他站过岗，送过信，开过荒，喂过猪，纺过纱，烧过炭……对待工作，他始终快乐专注，激情满怀。他的最高职务是班长，他牺牲在烧炭岗位上，他的事迹在令人感动之余，少了些许热血沸腾。然而，他的追悼会，包括中共中央直属机关和中央警备团在内的1000余人参加，党的领袖毛泽东亲赴现场并进行演讲。毛泽东的这次演讲经过整理，并经他本人修改，在延安《解放日报》第一版上发表，这就是不朽名篇《为人民服务》。从此，张思德，一个平凡的名字，与一个政党、一支军队紧紧连在一起。

战斗中迅速成长……………………………………2

都是为革命工作……………………………………4

牺牲在平凡岗位……………………………………7

薪火相传的精神……………………………………11

董存瑞：粉身碎骨开辟胜利路·················· **15**

他是机智掩护八路军逃脱日军搜捕的"南山堡的王二小"，他是练兵场上技术过硬的"模范爆破手"，入伍不到3年，他立下大功3次，小功4次。在1948年5月解放隆化的战斗中，他用自己年轻的生命，为战友开辟出胜利的通道。他手托炸药包炸毁敌人碉堡的形象，永远定格在人们的记忆中。为了胜利，勇于牺牲的董存瑞精神，成为中国人民解放军军魂的特定代表。

英雄百炼 ·························· 16

要地隆化 ·························· 18

"挂帅点将" ·························· 21

舍身为国 ·························· 24

精神永续 ·························· 28

黄继光：惊天一跃堵枪眼·················· **31**

"一条大河波浪宽，风吹稻花香两岸……"《我的祖国》，电影《上甘岭》的主题曲。因为这部电影及这首电影插曲，人们记住了上甘岭——朝鲜金化郡五圣山南麓那个只有十几户人家的小村庄，记住了抗美援朝战争中那场举世闻名的战役——上甘岭战役。在这场战役中，一名志愿军普通士兵，以舍身堵枪眼的壮举，将生命的辉煌写在上甘岭上。他叫黄继光，志愿军特等功获得者，特级英雄，人民军队历史上获得最高功勋的士兵。今天，我们再次走进他的故事。

上甘岭战役打响 …………………………………………… 32

公认的全能战士 …………………………………………… 35

舍身壮烈堵枪眼 …………………………………………… 38

永远的精神地标 …………………………………………… 42

邱少云：烈火中永生 ………………………………… **46**

在抗美援朝战争的一次阵前设伏中，敌人的烟幕弹点燃了他身上的伪装草，烈火在他身上肆虐。为了不暴露潜伏部队，他忍受烈火焚身的剧痛坚持不动，直至壮烈牺牲。他用燃烧的生命照亮了志愿军通往胜利的道路，以血肉之躯铸就了"纪律重于生命"的精神丰碑。邱少云，一个留在人们记忆深处的伟大名字。

势在必夺的391高地 ……………………………………… 47

最坚忍的潜伏任务 ………………………………………… 50

那个执拗的"川娃子" …………………………………… 53

精神丰碑屹立不倒 ………………………………………… 57

雷锋：一种永远的精神 ·················· **61**

他短短22年的生命历程，没有惊天动地的事迹，但是，半个多世纪以来，他的形象镌刻在中国人的集体记忆中。几代国家领导人为他题词，他是全中国最有名的士兵。以他的名字命名的精神，哺育和感召了几代国人。他，是雷锋。在农场当过拖拉机手，在钢铁厂当过工人，后来成为解放军战士，这不过是一个普通农家小伙的平凡经历；把自己的饭让给战友，维修推土机，捐款给需要的人，这也不过是些平凡小事。褪去那个火红年代的底色与激情，我们一起重新用心去认识这位熟悉的英雄。

少年雷锋 ····························· 62

工人雷锋 ····························· 65

军人雷锋 ····························· 68

雷锋"后人" ························· 72

苏宁：一颗永恒的星 ·················· **76**

他一生没有参加过战争，却一生都在为战争准备。他独立完成和参与研制的军事革新项目达162项，其中多项成果被推广。作为高干子弟，他从没期冀借助父辈的光，照亮自己的前程。从战士到团参谋长，他一路走得坦荡。他破旧的腈纶内衣和枕了22年的包袱皮，总会让凡俗的我们汗颜。他舍身救人的壮举，更让无数人感叹。他以对党、国家和人民的无

比忠诚，履行着和平年代一名军人的光荣使命，树立了一名
共产党员的光辉形象。他是苏宁。

作为团参谋长，他的革新项目达162项 …………… 77

在3.7秒内，他用生命拯救了两位战友 …………… 81

他从不打老子的招牌，不摆当官的架子 ………… 84

他是"一颗永恒的星，一团不熄的火" ………… 87

李向群：用生命筑就抗洪大堤 ………… **91**

　　23年前，时间并不久远。那年夏天，一场百年一遇的
特大洪涝灾害发生在我们国家。从长江到松花江，浊浪滚
滚。灾区人民奋起抗洪，全国人民无私支援，成千上万的
解放军和武警官兵闻水而动，火速赶往灾区，扛沙包，堵
决口，用汗水、鲜血，甚至生命谱写了一曲惊天地、泣鬼
神的抗洪之歌。在成千上万个抗洪英雄中，他年仅20岁，
军龄20个月，党龄只有8天。他带病坚持抢险，最终因劳
累过度抢救无效，于1998年8月22日壮烈牺牲。他就是家
富不忘报效国家、舍生忘死为民献身的抗洪英雄李向群。

在艰苦的磨砺中超越自我 ………………………… 92

做一个有价值的革命军人 ………………………… 96

无数"李向群"不断续写传奇 …………………… 100

杨业功："导弹司令"·············**105**

1963年，他从湖北省应征入伍，之后从一名普通士兵一步步成长为将军。在41年的军旅生涯中，他把每一分炽热都献给了他所热爱的军营，献给了他所追求的导弹事业。十年间，他参与组建了我军第一支新型导弹部队，建立了我军第一个新型导弹作战运行流程，成功指挥了我军首次新型导弹发射，构建了我军第一个新型导弹阵地……他生前筹建的导弹旅一路负重前行，2016年成功发射了第100枚导弹，还开了夜暗连续突击、整旅整营发射和集群突击等先河。在全军作战能力集中检验评估中，全旅官兵以全优的成绩通过了这个战斗力建设的全面大考。"导弹司令"杨业功，用自己的一生践行了这样一个诺言："一个战士就是倒下，也要以战斗者的姿势倒下。"

呕心沥血磨砺"倚天剑"·············· 106

瞄准世界一流抓战力·············· 109

"三实"之中谋制胜之道·············· 113

坚守廉洁的气节阵地·············· 116

林俊德：一生为国铸核盾·············**119**

他是一名科学家，一名院士，一名将军。他52年扎根罗布泊，参与了中国全部的45次核试验，把一生都献给了"两弹一星"的伟业。他活了74年，一直默默无闻，没有多

少人知道他的名字。他为国防科研事业战斗至最后一息的
照片，感动了整个中国。从此，人们知道了他——林俊德。

在生命倒计时的9天里 ·························· 120

在我国45次核试验背后 ························ 124

在隐姓埋名的52载军龄中 ···················· 128

张超：海天逐梦 ························· **133**

从昼间向夜间、从单机向编队、从技术向战术……
"辽宁"舰舰载战斗机实现了多项突破，一批批舰载战斗
机飞行员和着舰指挥员通过了资质认证……遗憾的是，这
一个个值得纪念的时刻，有着绝对实力的他缺席了。他是
张超，海军某舰载航空兵部队一级飞行员。2016年4月27
日，在执行飞行训练任务时，因飞机突发电传故障，不幸
以身殉职，年仅29岁。张超是为我国航母舰载机事业牺牲
的第一位英烈。说到航母，说到舰载机，有人会问，它们
对一个国家意味着什么，对一个军人意味着什么，对一个
飞行员意味着什么？张超用他的壮举，给出了回答。

我是不是再也飞不了了 ························ 134

要飞就要飞最好的飞机 ························ 136

把最好的飞机飞得最好 ························ 140

兄弟，我们带着你上舰 ························ 143

张思德

为人民服务的楷模

　　长征期间，他试滑溜索，争尝毒草，智救战友……对待他人，他永远笑意温暖，奋不顾身。在延安时，他站过岗，送过信，开过荒，喂过猪，纺过纱，烧过炭……对待工作，他始终快乐专注，激情满怀。他的最高职务是班长，他牺牲在烧炭岗位上，他的事迹在令人感动之余，少了些许热血沸腾。然而，他的追悼会，包括中共中央直属机关和中央警备团在内的1000余人参加，党的领袖毛泽东亲赴现场并进行演讲。毛泽东的这次演讲经过整理，并经他本人修改，在延安《解放日报》第一版上发表，这就是不朽名篇《为人民服务》。从此，张思德，一个平凡的名字，与一个政党、一支军队紧紧连在一起。

战斗中迅速成长

仪陇县，位于四川省南充市东北部，大巴山深处。距离朱德元帅的故里马鞍镇二三十公里，有一个叫六合场（现已改名为思德镇）的地方。

1915年4月的一天，六合场韩家湾村的佃农张行品家，又迎来一个孩子。添丁进口并没有给穷困潦倒的这家人带来喜气，家中粒米无存。没有奶水的母亲拖着虚弱的身子，抱着这个刚出生的男孩走家串户，讨来半把米一把谷，捣碎熬成糊糊喂他。男孩就这样艰难存活，为了不忘乡亲们的恩德，他被取名思德。

张思德出生仅7个月，母亲便因病离开人世。临终前，把他过继给了叔父叔母抚养。5岁时，张思德就跟着家人下地采野

▲ "为人民服务"的典范张思德宣传画

菜、打猪草。他尚未成年，养父因劳累过度不治身亡，不久，妹妹又被病魔夺去了生命。从此，他和养母相依为命。

1933年的秋天，中国工农红军第四方面军解放了张思德的家乡。当地青年纷纷报名参军，张思德也是这些热血青年中的一位。那一年他18岁。

1935年春，第四方面军撤离川陕革命根据地，开始长征。张思德也离开家乡，踏上万里征程。当年7月，张思德随部队来到黑水河边。河水湍急，两岸是悬崖峭壁，河上没有桥，只有一条锈迹斑斑的铁溜索。为了给大家开路，张思德不顾腿伤抢先顺溜索滑了出去，一段一段地检查溜索的坚固性。最终，部队顺利渡过了黑水河。

为了摆脱国民党军的围追堵截，战斗中，张思德总是奋不顾身同敌拼杀，毫无惧色。更令人赞叹的是，他还创造了一次战斗中，一人缴获两挺机枪的战绩。

1936年，部队进入草地后，粮食稀缺。为了战胜饥饿，走出草地，部队发出了"尝百草"的号召。茫茫草地，遍地野草，但要识别出哪些野草能吃并不容易，往往要付出很大代价，轻者中毒，重者死亡。张思德总是抢在战友们前边尝野草，把危险留给自己。

一天，张思德和一个小战士一起寻找野菜，发现水塘边长着一丛叶子形状和萝卜差不多的野菜。小战士兴奋地喊着"野萝卜",拔起来就往嘴里送。张思德赶快喊住他,自己却撕下一片叶子放在嘴里细细咀嚼,不一会儿就感到头晕脑涨,肚子一阵绞痛。昏迷前,他忙着嘱咐身边的小战士,"这草有毒,快告诉同志……"话未说完就晕了过去。卫生员闻讯赶来,只见张思德面色发青,脸上浮肿,忙取来解毒的药,抢救了好一阵,张思德才苏醒过来。

杜泽洲,副军职离休干部,北京卫戍区原政治部顾问,是张思德生前的班长。杜泽洲生前回忆,张思德负过3次伤,立过多次功。这个平时少言寡语,但每每说话做事会有闪光点迸现的战士,给他留下难忘的印象。

过草地时,一名战士陷入沼泽,拼命挣扎。有的战士伸手去拉,险些也陷进去。眼看着泥沼一点点地吞噬这名战士,大家急在心里却束手无策。就在泥沼快要淹没这名战士的胸口时,危急关头,张思德趴在泥潭边上,让杜泽洲和另一名战友踩在自己身上把沼泽中的战友拽了出来……

都是为革命工作

红军长征到达陕北后,改编为国民革命军第八路军,张思德所在部队上了抗日前线。张思德一心希望跟随队伍参加抗日，但因此前的伤病无缘战场。他被编入八路军某部留守处警卫连任副班长。

不同于在前线，在延安"并不都是轰轰烈烈、叱咤风云的生生死死，而是无处不在的对崇高信仰的躬身实践"。当年访问过延安的美国人约翰·科林在回忆中说，他被共产党人为目标奋斗的精神感动，人们在空气中可以嗅到这种气息。

呼吸着这样的空气，置身这样的氛围之中，张思德快乐专注地工作，毫无怨言地接受每一次岗位变动。1937年10月，22岁的张思德加入中国共产党。1940年，他被调到中央军委警卫营当通信班班长。两年之后，中央军委警卫营与中央教导大队合编为中央警备团，干部精简下派，一些连排干部当了班长，多数班长、副班长当了战士，张思德被分配去当毛泽东的警卫战士。

尽管和张思德同时期入伍的同志，有的已当上了团长甚至是旅长，张思德不升反降，他却开开心心地接受了这个安排。在张思德看来，当班长是革命的需要，当战士也是革命的需要，班长和战士的职责不同，但为党工作是一样的。

那时，毛泽东刚从杨家岭搬到枣园。不久，中共中央书记处也搬到枣园办公。毛泽东的住处在枣园西北的半山坡上，院里坐北朝南是一排五孔窑洞，院西侧一排平房就是内卫班的宿舍。

给毛泽东站岗放哨，是多少战士梦寐以求的事啊！现在，张思德就站在这里，能直接守卫毛泽东让他无比欢欣。他给自己定下的目标，是当好一个"枣园的哨兵"。

为了保证中央领导有个好的工作和生活环境，张思德把毛泽东经过的土路垫平填实，打扫窑洞前的院子更是他经常做的事。毛泽东有个习惯，写文章时彻夜不眠，天亮后才睡觉。张思德就早早起床，悄悄地把毛泽东窑洞附近的牲畜赶走，用小石块把在附近树上啼叫的鸟儿撵走，好让毛泽东多睡一会儿。

那期间，日军飞机多次轰炸延安，日寇间谍也混入边区伺机进行破坏活动，严重威胁党中央和领导人的安全。没有信息预警，张思德在练就"眼观六路耳听八方"本领的同时，还发明了"控绳拉铃"的土方法。这种方法是在树上系一根细绳子，绳子一端是执勤哨兵，另一端是警卫班宿舍的小铃铛，一旦发现情况，哨兵一拉绳子，警卫班听到铃铛声就立即行动。

正值抗日战争最艰难的岁月，毛泽东工作十分繁忙，常常要去七八公里外的延安城里开会。毛泽东每次外出，内卫班便跟着他一同前往。毛泽东乘坐的车，车身宽大，车后有一个专供警卫人员站立的踏板。为了毛泽东的安全，每次出车时，都有一个战士站在车后担任警戒。

夏天，车后尘土飞扬，呛得人喘不过气，冬天，车后寒风凛冽，冻得人手脚发麻。但是，大家都把站在车后值勤看成是一种光荣，争着担任警戒。张思德到内卫班后，每逢毛泽东外出，汽车刚一发动，他就已站在车后，"抢占"了警戒位置。按规定，车后担任警戒的同志，冬季可以放下帽耳，但张思德从未这样做。他觉得放下帽耳，听觉就不灵了，警惕性也没那么高了……

不知疲倦的张思德一边尽职尽责地工作，一边热心于周围琐碎小事的忙碌：雪天上岗，他总要多站一个时辰；战友生病，不等班长分配任务，他主动要求去替补；遇上连里发戏票，他常常让值勤的战友去看，自己跑去值勤；他时不时地会到连炊事班，帮着聋哑炊事员挑水烧火；他带头帮助驻地群众收割庄稼、修路……这些普通的人和事都被张思德装在心中，他用最平常的方式感染温暖着身边的每一个人。

牺牲在平凡岗位

延安的冬天异常寒冷，西北风所到之处风刀霜剑，滴水成冰。寒冷的冬季，毛泽东经常彻夜读书工作。有时他的手脚被冻麻了，便放一盆炭火在桌子底下。

其实，即便到了春季，这里的寒冷依然不会减少几分。毛泽东的《论持久战》完成于1938年5月。美国传记作家罗斯·特里尔在其颇具西方风味的专著《毛泽东传》中，呈现了毛泽东写《论持久战》时的情形："……5天以后，写满了显示毛桀骜不驯特点的草体字的稿纸已有一大摞……第7天，毛突然痛得跳了起来，他右脚上穿的鞋被火盆中的火烧了一个洞，而他还在沉思……"

如同开荒种地一样，伐木烧炭也是延安时期革命队伍的生存手段之一。为解决枣园机关的冬季取暖问题，上级决定派内卫班的部分同志到安塞去烧木炭。张思德在老家烧过木炭，调入中央军委警卫营后，又几次进山烧炭，自然成了首选成员。

安塞地处黄土高原腹地，位于延安的北部。1944年7月，张思德在为毛主席站完最后一班岗后，带领几名战士来到了安塞石峡峪，执行烧炭任务。

伐树、打窑、填窑、

▲张思德（左）烧炭工作照，也是他唯一留存的照片

烧火、封火、出窑、捆扎、运输，烧炭需要经过数道复杂的工序。其中，光炭窑引火就得一天一夜的时间。把干柴塞在牛犄角洞里面，点着以后慢慢用火烤。三四天之后，会冒出带有白烟的水蒸气。再过几天，烟从白变黄，再变青，直到烟几乎消失看不见，冒出来的都是气体，封窑的时间就到了。烧炭是个技术要求很高的活，火要烧得均匀，压火要到火候。烧过了头，留下的都是灰，没有炭了；烧不透，封火过早，炭里面还有木头夹在一起，这叫生炭，取暖时会冒烟呛人，还会产生一氧化碳导致中毒。

为了掌握好火候，张思德吃住在窑旁。白天，他巡回各窑，掌握火候。晚上他要起来好几次，爬上各个窑顶，观察烟色。出炭是最紧张也是最危险的环节，需要争分夺秒。窑里温度很高，有的木炭出窑还有火星。每次出炭，张思德都抢先钻到窑的最里边捡木炭，然后飞快地抱出木炭，一根一根往外递。炭上冒出的火花，烤得人脸发疼，张思德全然不顾。被烟灰呛得喘不过气来时，他就竭力忍住。一次，张思德伤手包着的布被炭火烧着了，他熄灭之后继续干。别人要和他换换位置，他总是不肯。

在张思德的带动下，同志们废寝忘食，日夜苦战，大家仅用一个月的时间就烧炭5万多斤，超额完成了3个月10万斤的任务。

国防大学教授卢勇解读说："后勤保障工作，也是一种无形的较量，是另一个战场。张思德感到这个工作非常重要，每年烧炭的时候都抢着要去。他觉得这个工作虽然非常平凡，但是对于保障我们部队在冬天正常的工作、训练，对打破敌人的封锁，具有非常重要的意义。"

1944年9月5日，注定成为一个人们永远纪念的日子。这天，天下着雨。为了多烧些炭，张思德和战友们准备挖一个新炭窑。他和战友卖力地干活儿，全然不知危险即将来临。因为土质松软，雨水不断渗透，侵蚀山坡，快到中午时，正在窑中忙活的张思德突然发现窑顶掉下几块碎土。发现情况有异，反应机敏的张思德用尽全身力气，猛地将身边的战友推出洞口，两米多高的窑顶坍塌下来，张思德被压在了窑土里面……

救援的战友们赶来了。等大家把张思德从坍塌的炭窑下扒出来的时候，他已经没有了呼吸。一把镢头还死死地顶在他的胸口，他保持着最后的劳动姿势。

张思德的生命定格在了29岁。他留下一张在炭窑工作的照片，当时的他只有29岁，脸上满是阳光般灿烂的笑。张思德短暂的一生好比一截青冈木投进熊熊的窑膛，最后化作一根炽热的木炭。

薪火相传的精神

延安上空的雨越下越大，张思德牺牲的消息传到枣园时，毛泽东震惊了。

打过仗，负过伤，开过荒，纺过纱，烧过炭，从战士到班长，再从班长到战士，一切从人民利益的需要出发，干一行爱一行的张思德，给毛泽东留下深刻的印象。他喜欢这个沉默寡言、吃苦耐劳，不计个人名利的战士。

正在批阅文件的毛泽东神情凝重，放下手中的笔，沉默了一会儿说，张思德是个好战士，在前方打仗死人是难免的，我们后方生产发生事故再死人，这是不应该的。

随后，毛泽东提出三点要求：第一，将遗体擦干净，换上新衣服；第二，找口好棺材，将张思德的遗体运回延安；第三，开追悼会，我要去参加。

1944年9月8日下午2时，延安枣园一片肃穆悲痛。在枣园沟口西山脚下的空场上，临时搭起一个台子。台中央悬挂着张思德的遗像，台两侧花圈层叠，挽幛风动，毛泽东的亲笔挽词高悬上空——向为人民利益而牺牲的张思德同志致敬。包括中共中央直属机关和中央警备团在内的1000余人，参加了张思德的追悼会。

毛泽东缓步登台，讲话之前他先向张思德的遗像默哀，然后用浓重的湖南口音，打着手势，发表了演讲："我们的共产党和共产党所领导的八路军、新四军，是革命的队伍。我们这个队伍完全是为着解放人民的，是彻底地为人民的利益工作的，张思德同志就是我们这个队伍中的一个同志。人总是要死的，但死的意义有不同。中国古时候有个文学家叫做司马迁的说过，'人固有一死，或重于泰山，或轻于鸿毛'。为人民利益而死，就比泰山还重；替法西斯卖力，替剥削人民和压迫人民的人去死，就比鸿毛还轻。张思德同志是为人民利益而死的，他的死是比泰山还要重的……今后我

▲张思德生前所在部队官兵在张思德塑像前缅怀革命先辈

们的队伍里不管死了谁，不管是炊事员，是战士，只要他是做过一些有益的工作的，我们都要给他送葬，开追悼会。这要成为一个制度。这个方法也要介绍到老百姓那里去。村上的人死了，开个追悼会。用这样的方法，寄托我们的哀思，使整个人民团结起来。"

也许，和战场上的马革裹尸相比，张思德的死有些平常。然而，革命的成功，不仅需要有人在枪林弹雨中冒死冲锋，也需要有人在平凡的岗位上默默奉献。无疑，张思德就是这样一位默默的奉献者。毛泽东把张思德身上闪光的思想和品德，凝练为五个大字——"为人民服务"！

毛泽东的这次讲话长达数十分钟，经过整理，并经毛泽东修改，1944年9月21日，以新闻稿的形式在延安《解放日报》第一版上发表——《警备团追悼战士张思德同志 毛主席亲致哀悼——"为人民的利益而死，是死有重于泰山"》。

一时间，张思德的名字伴随着毛泽东充满深情的演讲和新闻稿，传遍了整个延安，传遍了陕甘宁边区，传遍了全国各抗日根据地。这篇悼念战友的祭文，成为一个政党、一支军队的宣言，它把"为人民服务"融入了人民军队的血脉。

1945年4月，中国共产党第七次代表大会召开。"全心全意为人民服务"，作为我党我军的根本宗旨，被写进了党章。

穿越坎坷深邃的70多年的历史，"为人民服务"从20世纪的昨天走到21世纪的今天。

在中南海新华门的照壁上，"为人民服务"的金色大字依旧熠熠生辉。

在新华门外的长安街上，历次国庆阅兵走过的方阵，"为人民服务"的宣言响彻云霄。

在抢救人民生命财产的铁轨上，在歹徒挥舞着匕首的公共汽车上，在抗洪抢险的大堤上……雷锋、欧阳海、王杰、刘英俊、朱伯儒、张华、徐洪刚、李向群……一代又一代的张思德们前赴后继，如同一支支火炬，传递着"为人民服务"的火种。

▲ "为人民服务"的精神与青山同在

董存瑞

粉身碎骨开辟胜利路

　　他是机智掩护八路军逃脱日军搜捕的"南山堡的王二小"，他是练兵场上技术过硬的"模范爆破手"，入伍不到3年，他立下大功3次，小功4次。在1948年5月解放隆化的战斗中，他用自己年轻的生命，为战友开辟出胜利的通道。他手托炸药包炸毁敌人碉堡的形象，永远定格在人们的记忆中。为了胜利，勇于牺牲的董存瑞精神，成为中国人民解放军军魂的特定代表。

英 雄 百 炼

怀来，位于河北省西北部，燕山山脉北侧。这里自古就有"京师锁钥"之称。今天的怀来，有一张更为响亮的名片——英雄董存瑞。

▲ 少年董存瑞

1929年10月，董存瑞出生在怀来县南山堡村，上有三个姐姐，下有两个妹妹和一个弟弟。董存瑞的父亲董全忠、母亲孙珍都是老实的庄稼人。

在董存瑞的儿时玩伴董连柱老人的回忆中，董存瑞"机灵、顽皮、胆子大，是南山堡的孩子王"。抗日战争爆发后，南山堡成了抗日游击区。少年董存瑞被人津津乐道的，是他成功掩护八路军躲过日军追捕的事。

1942年，中共龙（关）延（庆）怀（来）联合县政府第3区区委书记兼武委会主任王平，来到董存瑞的家乡。一天下午，日军突然到南山堡"扫荡"，王平组织民兵掩护群众转移，自己却被鬼子包围了。13岁的董存瑞把王平拉到自己家里，关上大门，让王平藏在墙角的一堆破席卷儿里。

不一会儿，四五个鬼子端着刺刀闯了进来。一个鬼子比画着问董存瑞"八路在哪里"，董存瑞假装没听懂。鬼子见软的不行，又拔出东洋刀吓唬他，董存瑞始终说，"没有""不知道"。

把屋里搜了个遍，也没搜出八路军。最后，鬼子军官瞄准了那堆草席。机灵的董存瑞赶忙随手抓起一卷草席，丢在鬼子面前说："这是囤粮食的破席卷，还能藏人？"鬼子见席卷又臭又乱，料定没有八路，心有不甘地走了。

1943年冬，南山堡成立抗日儿童团，14岁的董存瑞当上了儿童团团长。他站岗放哨，送鸡毛信……董存瑞送信有自己的招儿：先用破布把信包好，塞进牛刚拉的稀屎里，然后把牛粪小心地放到篮子里，上面用干粪盖住。这样很容易蒙混过关。由此，他也赢得"南山堡的王二小"的美名。

后来，董存瑞成为村里的民兵，埋地雷、割电线都是他的拿手好戏。他还参加了攻打沙城的战斗。正是这次战斗后，1945年7月，16岁的董存瑞加入冀察热辽解放区八路军第24团，成为一名真正的八路军战士。

入伍后的董存瑞苦练杀敌本领。练习投弹时，左撇子的他左手也练习，右手也练习。全团投弹比赛，他是第一名。

在时任董存瑞所在营教导员宋兆田的印象中，"（董存瑞是一个）挺机灵的人，哪一个事没有做好（都）要重来，非得做好为止"。

　　入伍不到3年时间，董存瑞参加战斗110多次，与战友一起歼敌800多人，俘敌400多人，炸毁碉堡16座，立大功3次，小功4次——这样的战功在同龄战士中极为罕见。正因为战功突出，1947年春，离18岁入党年龄还差几个月的董存瑞，被部队党组织批准入党。

　　师下派干部程抟九回忆，董存瑞个子不高，长得非常敦实，脸色黝黑，他所在连连长、指导员都亲切地称他"小黑子"。他们是打心眼儿里喜欢这个虎头虎脑的战士，全连最拔尖的班长。

要 地 隆 化

　　辽沈战役是解放军与国民党军队展开战略决战的第一场战役，它的胜败直接关系着解放战争能否进入战略决战阶段。

　　隆化位于今天河北省的北部，是当时热河省省会承德的屏障，通往东北的重要通道。为了配合即将打响的辽沈战役，1948年5月，东北野战军第11纵队在独立第6师等部的配合下攻打隆化。

　　隆化城西依苔山，东靠伊逊河，南北是开阔地。城西的苔山主峰高796米，为全城制高点。城内没有高大建筑物，大部分是砖木、土坯结构的平房。隆化城的周围修筑了40多个碉堡群，各碉堡群之间均以火力联系，构成交叉火力网。碉堡群外，设有鹿砦、铁丝网、外壕等副防御。

当时，据守隆化的敌军，是国民党第13军89师265团（缺第3营）及师属工兵1个连、炮兵一部，共1900多人，以苔山和隆化中学为防御重点。城西北的隆化中学，是国民党守军的作战指挥中心，是他们赖以死守的核心堡垒。在国民党守军看来，隆化城固若金汤。国民党军第13军军长石觉夸下海口，共军若能打下隆化，我就把承德送给他们。

国防大学国家安全学院教授卢勇解释说："1946年8月份，国民党军占领隆化以后，实际上对整个防御体系的构筑，完全是学美军的，形成了明堡、暗堡，交叉火力，互相支援。所以，结合起来说就是敌人工事坚固，我们这边要适应新的打法，火力还有待加强。这就是打隆化的困难之处。"

1948年5月1日，东北野战军第11纵队急速西进，18日包围隆化。然而，担任如此重要主攻任务的第11纵队，是一支由地方部队组成的，不到3个月的新军。

1948年3月，以冀察热辽解放区部队为主体，东北军区第11纵队在热河省朝阳地区（现辽宁省朝阳市）成立。据时任第11纵队司令员贺晋年回忆，第11纵队其实有一些井冈山

▲ 桥形碉堡效果图

红一方面军的老底子，基础不错。但是，所属各部过去都是以游击战、运动战为主。随着全国解放战争形势的发展，战争的形式已经转变为大兵团作战，攻坚战。当时，东北野战军拥有一大批久经沙场的老部队。相对而言，以地方部队、游击队为主创立起来的第11纵队，无疑是个"小字辈"。

遵照毛泽东集中优势兵力打歼灭战的战略思想，第11纵队附冀察热辽军区炮兵旅，用两万多人的兵力将隆化城团团围住。以两万对两千，这开局的架势颇有些"杀鸡用牛刀"。

一年前，冀察热辽军区集中5个旅上万人的兵力进攻隆化。苦战两昼夜，基本占领隆化县城，敌军主力转移到城西的苔山和城西北的隆化中学。山上的敌军不断向城区进行炮击，部队遭受重大伤亡。攻城部队苦战10日，伤亡巨大，不得不撤出了县城。这一役，歼敌不过700，自己却伤亡2500余人。

这第二次进攻隆化，第11纵队官兵都憋着一口气，斗志高昂。按作战部署，第11纵队31师在冀察热辽军区炮兵旅配合下主攻隆化城西苔山，第33师从隆化城西南突击，第32师96团从隆化城东北展开进攻。

"誓死解放隆化"——第11纵队战前宣誓。

"挂帅点将"

不到19岁的董存瑞，此时是第11纵队32师96团2营6连2排6班班长。在开赴隆化前，第11纵队在热河朝阳进行了50天的大练兵。其中一项重要内容，就是学习对敌牢固工事的爆破。

那时的部队，重型攻坚火力几乎是空白，爆破主要依靠炸药。几公斤乃至十几公斤的炸药包，贴上敌人的碉堡就能掀翻它。只是，把炸药包贴上去，

▲被董存瑞的家人和大多战友认可的董存瑞照片

要靠战士冲到近前。对爆破手最大的安全保障，就是勤学苦练的单兵爆破技能和爆破小组的交叉掩护。

董存瑞最拿手的本事就是爆破敌人工事。在开赴隆化前的大练兵中，他带领战士们热火朝天地演练爆破、攻坚。为了让战士们熟练掌握爆破战术，董存瑞想出了不少"鬼点子"。

宋兆田回忆："他（董存瑞）就是用这个土啊、石头啊，砌这么一个圆圈，砌这么个堡垒。"原来，董存瑞用的土办法，是在院子里堆砌一座座堡垒模型，以此带领战士们研究爆破技巧。宋兆田说："（董存瑞和战士们研究）怎么炸，搁在什么（地方）炸。他这么一做，其他班里也（学着）做，一个连都（学着）做，其他连也学，所以，院中堡垒就弄得热火朝天。"

1948年4月，团里组织爆破演习，董存瑞因动作敏捷，机智勇敢，被授予"模范爆破手"。他所在的班级被评为"董存瑞练兵模范班"。

朝阳练兵刚一结束，第11纵队就剑指隆化。董存瑞跟随部队来到隆化城东约3公里的小山村土窑子沟作战前准备。

1948年5月24日，解放军攻打隆化的前一天。第11纵队32师96团2营6连在土窑子沟村的一块空地上召开誓师大会，选拔爆破突击队。

会场是师宣传科下派到第6连的干部程抟九带着几个战

士布置的。隆化解放前，程抟九来到第6连。从开始决策到战斗结束，他和董存瑞一起全程参与了攻打隆化的战斗。

回忆那次誓师大会，程抟九说，那是部队的临时驻地，条件有限，一切因陋就简，无非就是刷些标语，从群众家里借一个条案就算是主席台了。条案上的几个炸药包是货真价实的，仿佛能嗅到火药味。炸药包下压着几面旗子，旗面垂下条案，上面写着大大的"帅"和"将"。这次誓师大会的核心环节是"挂帅点将"。

程抟九说，第6连的攻击方向是隆化中学东北角，最关键的任务是拔除攻击线上的所有敌方工事。"挂帅点将"就是选拔执行爆破任务的攻坚突击队。

突击队分为4个小组，爆破组、投弹组、火力支援组，还有弹药保障组。"4组1队"这种攻坚突击队的组织方法，正是东北人民解放军在城市攻坚战中发明的，4组中最为核心的是爆破组。爆破组执"帅旗"，被战士们称作"爆破元帅"。谁想当"爆破元帅"都可以自愿报名，由全体战士共同评判产生最终的人选。另外3个组则称为"大将"，由"爆破元帅"点将。

时隔多年，董存瑞争当"爆破元帅"时的场景，在程抟九的脑海里清晰如昨。程抟九回忆，董存瑞是第一个举手要求"挂帅"的。那天他激动地说了很多"挂帅"的理由。程抟九已经记不全董存瑞的原话，大意是说他爆破技术好，打仗打得多，胆子大，够勇敢，等等。

凭借曾经在练兵中夺得"模范爆破手"称号的经历，最终董存瑞成功当选"爆破元帅"。由他这位"元帅"点了郅顺义和机枪班长，以及另一个班长为"大将"，分别担任投弹组组长、火力支援组组长、弹药保障组组长，完成了"4组1队"的战斗编组。

"爆破元帅"是一个光荣的称号，但董存瑞深知这一称号所承载的艰险——爆破敌人碉堡，为大部队前进开辟道路。

舍 身 为 国

1948年5月25日清晨，3发红色信号弹升空，解放隆化的战斗正式打响。

军区炮兵旅一出手，就是长达半个小时的炮火覆盖打击。顿时，苔山陷入一片火海。半个多小时后，主攻苔山的第31师91团便将红旗插上苔山主峰。第33师从隆化城西南仅用15分钟即突破守军前沿阵地。

董存瑞所在的第32师96团2营6连，从东北方向进攻隆化中学。可是，下午当第6连向隆化中学发起冲锋时，子弹密集地扫射过来，压得战士们抬不起头。

原来，隆化中学的北面是一条旱河，从东北方向冲锋的第6连必须闯过这条旱河。旱河上原本就有一座桥，负隅顽抗的守敌在桥体上做了个暗堡。此刻，桥面上的砖头一块块被推开，出现6个隐藏的枪眼，正是这座桥形碉堡挡住部队前进的道路。

必须炸毁这座桥形碉堡。一名爆破手抱着炸药包冲了出去，刚跑几步一头栽倒。之后，第二个、第三个爆破手相继牺牲。

营长的电话打了过来，急切地询问："6连上不上得去？不行就换5连。"第6连连长白福贵急得眼睛冒火，他让通信员传话，"告诉营长，一定上得去！"

就在这时，一个声音忽然在身后响起："连长，我去！"程抟九等人回头一看，正是董存瑞和郅顺义，两个人不知何时跳到了沟里。他们都一身灰土，脸上被硝烟熏得漆黑。此前，董存瑞带领战友们炸掉了4个炮楼、5个碉堡，圆满完成任务。两个人显然已经做好再次出击的准备，董存瑞胳膊下夹着一个炸药包，郅顺义胸前围了一圈手榴弹，手里还攥着俩。

白福贵却不答应，他爱怜地说："我还要班长呢！"董存瑞、郅顺义，第6连最好的两个班长。第6连一路血火杀到隆化中学跟前，伤亡惨重，白福贵实在舍不得这两个班长再去冒险。

董存瑞的态度坚决：“炸不掉它，不回来见你！”白福贵跟了一句：“那我更不让你去。”

连指导员郭成华捅了捅白福贵：“让他们去吧。”这时的第6连，再没有比董存瑞和郅顺义更合适的人选了。

白福贵也冷静下来，盯着董存瑞下令：“去吧，动作要快！”随即招呼机枪手：“机枪掩护！”

董存瑞一挥手，郅顺义心领神会，跟着他跃上壕沟西侧。不一会儿，程抟九他们听到西侧传来一连串爆炸声。趁着敌人机枪哑火的间隙，程抟九等人探头瞭望。桥形碉堡的下面烟尘弥漫，隐约看到桥下北端有个人影。烟尘很快散去，能够清晰认出那是董存瑞。他正想方设法把炸药放在桥身和河岸的连接处。可是，试了几次，炸药包都滑了下来。

董存瑞烈士陵园原主任吕小山说：“这个桥形暗堡距离旱河底是2米多高，董存瑞冲到桥下以后，这个炸药包放到这个位置上（编注：桥台）搁不住，放在桥底下又炸不着。这个旱河沟里（当时）也找不着一个棍子什么的可以支撑炸药包。”

此时此刻，急需一个三角架。尽管战前第6连准备了充足的三角架，但炸掉一个碉堡，一次往往不能成功，有时需要炸两次，甚至三次，这造成了三角架大量的消耗。

此时的董存瑞急得团团转，向隆化中学发起总攻的时间

要到了……当年见证者的回忆，为我们重现了英雄舍身为国的壮烈一幕。

郅顺义，全国战斗英雄，解放战争中立过12次战功，获"毛泽东奖章""勇敢奖章"等17枚。郅顺义生前做过近千场报告，从不提自己的功勋，说的都是董存瑞……

这是当年郅顺义的录音："……董存瑞在距桥形碉堡十几米的地方，突然停了下来。原来，他的左腿负了伤，鲜血染红了军裤。他全然不顾这些，径直跑到了桥形碉堡下。我离他只有四五十米远，清清楚楚地看到他急得瞅瞅这，看看那……突然间，董存瑞猛地托着炸药包，就手拉下了导火索。顿时，炸药包冒起了白烟。我见到这个情景，惊呆了，这还了得，我就奔着董存瑞跑去，边跑边喊，'你放下，你放下……'董存瑞瞪着我喊，'卧倒！卧倒！快趴下'……"

董存瑞托起炸药包的一幕，同样烙印在程抟九的记忆里。董存瑞牺牲时，程抟九在他身后不足百米处，是郅顺义之外距离董存瑞最近的人。他记得每一个细节：董存瑞是用左手托起的炸药包，右手拉燃导火索。后来吕小山等研究者考证，董存瑞是左撇子，这与程抟九记忆的动作细节相符。

一声巨响，大地在震颤。敌人的意志随同桥形碉堡一同瓦解。董存瑞用年轻的生命为部队铺就一条胜利的道路。

精 神 永 续

部队在归拢战俘，程抟九被董存瑞炸碉堡的一幕震撼着。他一个人往那座被炸的桥形碉堡走去，没走多远，看见营教导员宋兆田，就迎上去。

宋兆田一直在观察第6连的攻击动向。在望远镜中，他看到桥下的爆破手举起炸药包，也看到了桥形碉堡被炸飞，但不知道那是谁。程抟九激动地对他说："董存瑞死得真伟大！"

二人来到被董存瑞炸毁的桥堡旁。几根露出的木头还

▲郅顺义（右三）讲述董存瑞舍身炸碉堡的事

在燃烧，空气里弥漫着硝烟的味道，根本看不到董存瑞的遗体……

隆化县城解放后，时任冀察热辽军区司令员程子华进城视察战果。在全城军民欢庆胜利的时刻，程子华却发现一些战士在哭。怎么打了胜仗，还哭呢？战士们说，他们的班长牺牲了……程子华安排秘书齐肃到董存瑞的部队了解情况。

董存瑞牺牲40多天后，1948年7月11日，冀察热辽党委机关报《群众日报》头版刊登了齐肃撰写的报道——《共产党员奋不顾身——董存瑞自我牺牲使隆化战斗胜利完成》。程子华司令员亲笔撰写评论文章——《董存瑞同志永垂不朽》。

隆化战斗震慑了承德之敌，第11纵队迅速挥师东进。就在东进途中，第11纵队司令员贺晋年、政委陈仁麒发布命令，追授董存瑞"战斗英雄"称号，命名他生前所在第6班为"董存瑞班"。

1950年，在全国英雄劳动模范代表大会上，董存瑞同志被追认为全国战斗英雄，1951年的国庆典礼上，毛泽东邀请董存瑞的父亲董全忠登上天安门城楼参加国庆观礼。

1954年，隆化县修建董存瑞烈士陵园，一块写着"以此木代替烈士遗骨"的楠木牌，被埋葬于烈士墓中。

1957年10月，朱德为董存瑞题词："舍身为国，永垂不朽。"

"……为了战友，为了胜利，勇于牺牲，甘于牺牲，用自己的生命打开一条通往胜利的道路。这就是董存瑞的精神。"从此，董存瑞这个名字，成为一个符号，一种大无畏的精神。

惊天一跃堵枪眼

"一条大河波浪宽，风吹稻花香两岸……"《我的祖国》，电影《上甘岭》的主题曲。因为这部电影及这首电影插曲，人们记住了上甘岭——朝鲜金化郡五圣山南麓那个只有十几户人家的小村庄，记住了抗美援朝战争中那场举世闻名的战役——上甘岭战役。在这场战役中，一名志愿军普通士兵，以舍身堵枪眼的壮举，将生命的辉煌写在上甘岭上。他叫黄继光，志愿军特等功获得者，特级英雄，人民军队历史上获得最高功勋的士兵。今天，我们再次走进他的故事。

上甘岭战役打响

1952年4月，志愿军第15军由休整地谷山向五圣山、西方山一线多路开进。此前，志愿军总部3月作战会议的一个重要决定是，由战略预备队第15军接替第26军的防御阵地。

让彭德怀决心对第15军委以重任，缘于第15军在第五次战役中的表现——它是那次战役中为数不多的几个战果大过损失的部队之一。

散会后，彭德怀单独留下了第15军军长秦基伟。对着墙壁上的大幅作战地图，彭德怀对秦基伟说，五圣山是朝鲜中线的门户，失掉五圣山，我们将后退200公里，无险可守，谁丢了五圣山，谁就要对朝鲜的历史负责。

这次调兵遣将的非凡意义，在半年后的上甘岭战役中得以显现。

五圣山，是朝鲜中部平康平原的天然屏障，可以俯瞰敌军纵深，直接威胁敌人的金化防线。志愿军如果守住了五圣山，就能把战线稳定在"三八线"。反之，如果丢掉五圣山，敌人就会从中部突破志愿军的防线，到达平康平原，威胁整个朝鲜战线。

敌人要想夺取五圣山，必须先拿下五圣山前面的两个高地——537.7高地北山（南山由敌人占领）和597.9高地。597.9高地，由东北和西北两个山梁组成，像一个三角形，美军称之为三角形山。这里共有十几个阵地，其中，西北山梁上依次是6号、5号、4号和0号阵地。0号阵地紧挨着主峰3号阵地，战略意义重大。

这两个高地背后的山地里，有一个十几户人家的小山村，叫作上甘岭。因为那场惨烈的战役，上甘岭家喻户晓。

1952年10月14日，以美国为首的"联合国军"对志愿军发动了一年来规模最大的"金化攻势"。"金化攻势"以上甘岭地区的高地为主攻目标，美军代号"摊牌行动"。

"摊牌行动"由美军"山地战专家"，时任第8集团军司令范弗里特设计并指挥。按计划，"摊牌行动"的规模并不大。范弗里特相当乐观——仅需要投入两个营的兵力，5天时间就可以圆满完成这一任务，付出的代价只是200人的伤亡。范弗里特的乐观，来自美军的大炮。

上甘岭战役第一天，"联合国军"以7个营的兵力，在300门大炮，30余辆坦克，40余架次飞机的支援下，陆续向志愿军防守的597.9高地和537.7高地北山发起猛攻。30余万发炮弹，被倾泻到上甘岭方圆仅3.7平方公里的区域。

最密集时，平均每秒落弹6发。第15军苦心构建的地表工事，到中午时已荡然无存。高地主峰标高被削低整整2米，寸草不剩。

据《第十五军军史》记载，14日整天，我伤亡500余人，歼敌1900余人。"联合国军"的记载则是，主攻597.9高地的美第31团伤亡444人，攻击537.7高地的韩第32团伤亡500余人，合计约千人。

无论哪个数字更准确，"联合国军"第一天的伤亡都远远超过了整个"摊牌行动"的预期。问题在于，他们付出这样的代价，也只是白天攻取了部分阵地，入夜即被志愿军悉数夺回。

于是，"联合国军"增兵，白天攻击，志愿军夜间反击。两处高地的地表阵地，在双方的搏杀中不断易手，鲜血染红了高地。

范弗里特为了挽回面子，硬着头皮不断加码。原本只是一场营级规模的战斗，阵势越打越大。那两处高地的争夺除了军事意义也是军队的尊严，比拼的也不再只是装备和火力，更是意志和决心。

"联合国军"总司令克拉克后来评价："这个开始为有限目标的攻击，发展成为一场残忍的挽救面子的恶性赌博。"

10月18日，志愿军第15军45师前沿部队，因伤亡太大，从地表阵地退入坑道。19日晚，第45师组织第134团和第135团共3个连，在炮火支援下发起反击。经过大半夜的浴血奋战，志愿军收复了537.7高地北山的全部阵地和597.9高地的大部分阵地，唯独0号阵地久攻不下。

公认的全能战士

1931年1月，黄继光出生在四川省中江县石马乡发财垭（现继光镇继光村）的小山村。7岁时，父亲病故，母亲领着黄继光兄弟4个苦熬日子，常常吃了上顿没下顿。

1949年11月，人民解放军挥戈南下，四川全境红旗漫卷，受压迫的劳苦大众当家做了主人。黄继光积极参加民兵组织，热血沸腾地投入革命工作和斗争。

1951年3月，中江县为志愿军征集新兵，黄继光在村里第一个报了名。黄继光，原名黄积广，由于报名参军时浓重的四川口音，登记人员误听成黄继光。就这样，中国人民志愿军多了一名战士黄继光。

到朝鲜前线后，黄继光被分配到第15军45师135团2营6连任通信员。在6连连长万福来的回忆中，黄继光的工作热情非常高，他经常给阵地的战友送水，帮炊事班做饭。坑道里潮湿，他割来茅草，编成草垫子让战友们防潮。

可是，黄继光一度为自己不能上火线亲手杀敌而苦恼。连长和指导员分别做他的思想工作，终于帮黄继光解开了思想疙瘩。这之后，他的工作热情更加高涨。除了当好通信员，冲锋班射击训练时，他跟着训练射击，报务员报务训练时，他跟着学习报务……

1951年冬天，敌人收紧了对志愿军阵地的包围圈。前线粮食和弹药越来越匮乏，黄继光和战友们夜晚冒着 -39℃的严寒，往前线运送粮食、弹药。这一次，黄继光凭借着优秀的表现，荣获了第一枚军功章。

如今，这份立功证书保存在中江县黄继光纪念馆。功绩摘要中这样写道：该同志完成本职通信员工作，还运输粮弹两千零八斤，徒步三百里，拉土七百斤，是优秀的通信员、运输员、炊事员和护理员。

1952年初秋，敌人对第45师135团2营6连阵地实施炮火打击，电话线被炸断，营部指挥所和炮兵部队失去了联系，而此时电话员也在执行任务时负伤了。

情急之下，黄继光背上接线箱，顶着敌人密集的炮火，时而奔跑跳跃，时而趴在土坡上隐蔽，终于在河边看见了相反方向接线的战士。在冰冷的河水里，两个人成功地接通了电话线。正是黄继光及时地充当了电话员的角色，才让营指挥部与炮兵部队恢复了联系，粉碎了敌人的进攻。

黄继光的表现，获得了前后方同志的一致称赞。他不仅立了功，还被批准加入中国新民主主义青年团。

黄继光所在营副教导员齐润庭多年后回忆说，"走到哪里（人）都喜欢他（黄继光），整个全营来讲，通信员就他一个立功。同意他立功后，大家就摆龙门阵，摆他的事，说黄继光他有'八大员'"。

▲中国新民主主义青年团授予黄继光的奖状

所谓"八大员"，指的是通信员、话务员、卫生员、担架员、运输员、宣传员、炊事员和军械员。"八大员"黄继光成为公认的全能战士。

1952年8月，黄继光所在师电影队到基层连队慰问，放映电影《普通一兵》。电影讲述的是，在苏联卫国战争的一场争夺战中，马特洛索夫所在部队在进攻时遭遇德军火力阻挠。他匍匐靠近德军碉堡掩护下的火力点，投掷手榴弹后仍未消灭敌人，最终奋力扑上碉堡，用身体挡住机枪射击，壮烈牺牲，为胜利开辟了道路。

连长万福来和战友李继德的回忆，都提到黄继光看了几遍这部电影。黄继光赞叹说："……马特洛索夫真是好样的，关键时刻我也会像他那样去做的。"

榜样的力量是无穷的。马特洛索夫的英雄壮举，强烈震撼着黄继光的心。战场是军人最好的课堂。在炮火硝烟的洗礼中，在志愿军部队的大熔炉里，黄继光不断进步。尽管入伍仅一年多，但他已成长为一名优秀的战士。

上甘岭战役持续到第6天，也就是1952年10月19日，黄继光几乎没休息过，他送信、送水、抬伤员，此时已经疲惫不堪。

舍身壮烈堵枪眼

10月19日晚，第45师135团2营参谋长张广生带着黄继光来到第6连。当天，是黄继光到营部给营参谋长当通信员的第15天，也是他离开第6连15天，又回到第6连的日子。虽然才15天，但第6连伤亡程度之大，黄继光都看在眼里。此时的第6连，说是一个连，实际上仅剩16人。

张广生和万福来商量，把9名战士编成"功臣第6班"，分成3个小组，对0号阵地的3个地堡实行爆破。第一个地堡是在巨石下掏空而成，除了射击孔，没有其他缝隙。要想炸掉地堡，只能准确地把手雷从射击孔投掷进去。

3个爆破小组轮番上阵，第一组冲上去，倒下了。第二组跟上，倒下了。第三组再跟上，结果9名战士全部牺牲。

　　多年后，万福来对黄继光请战的情形依旧印象深刻："……（我）跟指导员商量，我说，你我，我们要亲自上，你带通讯（信）员吴三羊，我带通讯（信）员肖登良，第一组我上去爆破，我牺牲了你上去。黄继光一听到这个话以后，一下扑过来把我搂住，'连长，你不能去，你是指挥员。我懂的，应该把任务交给我。'"

　　由于形势紧急，黄继光的请战被批准。于是，万福来让黄继光、吴三羊和肖登良三人再次组成"功臣第6班"，并指定黄继光任班长。

　　第6班是6连的尖刀班，在这次尸山血海的战斗中，6班第一个拼光了。然而，6班的番号被固执地保留。一波又一波的战士，以6班的名义冲锋。

　　第6连也经历着同样的命运。19日血腥的一夜之后，第6连包括重伤员在内仅剩8人。整个上甘岭战役期间，第6连打光了2次，连旗却从未倒下……

　　就这样，黄继光、肖登良、吴三羊临阵受命，向0号阵地爬去。

　　对于这段经历，和黄继光当年一起参与爆破敌军地堡的肖登良回忆起来仍然历历在目。"连长说了，我们哪怕有一个人存在，也要把最后一滴血流到0号主峰（阵地）去。"

看到有人活动，敌人3个地堡的机枪射击连成一片。黄继光3人配合默契，交替跃进，不时用敌人尸体掩护自己。

"轰""轰"两声巨响，黄继光和肖登良分别炸掉了东西两侧地堡。然而，几乎是在同时，负责掩护的吴三羊枪声突然哑了，他被另一个地堡射出的子弹击中牺牲。

肖登良身边正好有一挺机枪，他迅速卧倒，向地堡射击，吸引敌人火力，掩护黄继光。敌人一阵弹雨追了过来，肖登良身负重伤。很长时间，肖登良被列入牺牲名单，后来伤愈归队。他回忆："我当时已经不能动弹，只能两眼望着黄继光。"

6连指导员冯玉庆爬上前拖过机枪，继续向敌人地堡还

▲战友们在黄继光牺牲处悼念

击。这期间，黄继光向前猛冲两步，却一个趔趄栽倒在地。稍微停顿了一下之后，黄继光缓慢艰难地向前爬行，1米，2米，3米，终于接近了地堡，他奋力扔出一颗手雷。

手雷在敌人的工事上爆炸，躲在0号阵地下面的第8连战士，以为第6连爆破组完成了任务，奋不顾身地向0号阵地冲了上去。但是，黄继光扔出去的手雷，只炸毁了地堡的一个角。爆炸的烟雾刚散去，敌人的机枪又扫射起来，冲上来的战士一排排倒下。

眼看攻打0号阵地的任务几乎无法完成，就在这时，借着火光，万福来和冯玉庆他们发现一个人向地堡爬去。

"黄继光！黄继光还活着！"万福来激动地叫了起来。战友们看到黄继光的身影在凹陷的弹坑和凸起的怪石中隐现了几次。

万福来焦急地等着最后一声手雷的爆炸。此刻，后续支援的战士已经上来了，只等发起最后的冲锋。然而，手雷的爆炸声迟迟没有响起。原来，刚才炸塌地堡一角的，已经是黄继光的最后一颗手雷。

黄继光已经没有手雷了，然而，他还是毅然决然地向地堡爬去。他爬到地堡一侧，这里是射击的死角。然后，他用力撑起上身，转回身喊着什么，但是没有人听得见。机枪声掩盖了一切声音。

就在这时，借着照明弹的亮光，人们看到了气壮山河的

41

一幕：黄继光张开双臂，向着地堡正在喷射火舌的机枪枪眼扑去……敌人的机枪闷闷响了几声后，彻底哑了。

踏着黄继光爬行过的道路，志愿军很快占领了0号阵地，全歼守军。597.9高地又回到了志愿军的手里。

战友们冲上0号阵地时发现，黄继光的身体仍然压在敌人的射击孔上，手还牢牢地抓着周围的麻袋……他的腿已被打断，身上有7处重伤，身后是一道10多米长的血痕。难以想象，黄继光是以怎样的毅力爬到敌人的地堡前，又是以怎样的毅力一跃而起的。

1952年10月20日的黎明，黄继光用血肉之躯堵住了敌人的枪眼。这一年他21岁。

永远的精神地标

1952年12月21日，《人民日报》这样报道：中国人民志愿军某部出现了许多可歌可泣的英雄人物和英雄事迹。其中，首先传遍全军、鼓舞着全军更加奋勇斗争的，就是马特洛索夫式的英雄黄继光。从此，英雄黄继光的名字，传遍祖国的大江南北。

为了表彰黄继光视死如归、无所畏惧的伟大精神，1953年

4月8日，中国人民志愿军领导机关为他追记特等功，追授"特级战斗英雄"称号。

有人曾问万福来，黄继光的英雄壮举源于什么。万福来回答：人的生命是宝贵的。但当他把祖国的荣誉、人民的利益看得高于一切的时候，这宝贵的生命就让位了。

"我们那时候，打胜仗、立军功比命重要，这是中国军人的精神。"黄继光的战友李继德说。

在志愿军第15军编撰的《抗美援朝战争战史》中有这样一句话："上甘岭战役中，危急时刻拉响手雷、手榴弹、爆破筒、炸药包与敌人同归于尽，舍身炸敌地堡、堵敌枪眼等，成为普遍现象。"

试问，世界上有哪支军队能像志愿军第15军敢这样宣称？

从1952年10月14日开始，到11月25日上甘岭战役宣告

▲1953年，志愿军在上甘岭阵地黄继光烈士纪念碑前庄严宣誓

结束，43个昼夜的搏杀，志愿军和以美、韩为主的"联合国军"共投入兵力10万余人。战斗中，第15军和参与上甘岭战役后半段的第12军，合计伤亡1.1万余人，毙、伤、俘敌2.5万人（"联合国军"自认伤亡9000人）。山头被炮火削低2米，化成1米多厚的齑粉……仅仅是这几个数字，足见战事之惨烈。

美国人在战后复盘，后来还用电脑推演，却始终想不通：为什么花了那么大力气，投了那么多炮弹，死伤了那么多士兵，却拿不下两个小山头？

"黄继光们"也许是最好的答案。在"黄继光们"看来，他们的背后就是东北，就是华北，就是家园。只有御敌于国门之外，国家才不会再次陷入战火，亲人才不会流离失所。美国人算得出兵力、火力，却算不出我军同仇敌忾、舍生忘死的精神。在这种精神面前，那不只是两座山头，更是中国军队的精神地标。英雄无畏，所以英雄无敌。

战火停息几十年后，有人"理智"地以"价值论"衡量，认为仅仅为了3.7平方公里的山地，就付出一万多人伤亡的代价不值得，许多黄继光式战士的牺牲没有价值。

美国新闻舆论说："金化攻势已经成了一个无底洞，它所吞噬的'联合国军'军事资源要比任何一次中国军队的总攻势所吞噬的都更多。"时任美国总统的杜鲁门承认，这是对联军士气的沉重打击。"联合国军"总司令克拉克在回忆录中坦承，上甘岭"作战是失败的"，鉴于巨大的伤亡损失，"联军远东指挥部不得不停止了任何兵力多于一个营的战斗计划"。

上甘岭战役结束后，朝鲜战局从此稳定在了北纬38度线上。这一战奠定了朝鲜的南疆北界。在朝鲜1986年出版的五百万分之一的地图上，找不到海拔1061.7米的五圣山，却标出了上甘岭。

上甘岭的价值是什么？无须再多说什么。

"黄继光！""到！"如今，位于湖北的解放军空降兵某部——抗美援朝时期黄继光所在部队，夜夜点名时都要呼叫黄继光，回答的是全连士兵。黄继光已经牺牲60多年了，但黄继光的战斗精神至今犹存。

▲黄继光精神永存

邱少云

烈火中永生

　　在抗美援朝战争的一次阵前设伏中，敌人的烟幕弹点燃了他身上的伪装草，烈火在他身上肆虐。为了不暴露潜伏部队，他忍受烈火焚身的剧痛坚持不动，直至壮烈牺牲。他用燃烧的生命照亮了志愿军通往胜利的道路，以血肉之躯铸就了"纪律重于生命"的精神丰碑。邱少云，一个留在人们记忆深处的伟大名字。

势在必夺的391高地

1952年初，朝鲜战争进入战略相持阶段。此后，敌我双方边谈边打。

当年3月，中国人民志愿军司令员彭德怀，令志愿军第15军接替第26军在五圣山、西方山一线的防线。彭德怀对第15军军长秦基伟说，五圣山是朝鲜中线的门户，失掉五圣山，我们将后退200公里，无险可守。谁丢了五圣山，谁就

▲刻在391高地崖壁上的文字，弘扬着英雄邱少（绍）云的精神，激励着一代代国人

要对朝鲜的历史负责。

当年7月，志愿军粉碎了敌人的夏季攻势。以美国为首的"联合国军"不甘心失败，向北侵犯，占据了平康与金化之间的一座小山。

这座被命名为391高地的小山，与后来载入史册的上甘岭，同属五圣山。它像一颗毒牙，揳入志愿军第38军和第15军之间。

391高地距志愿军前沿阵地约3000米，从高地上，敌人可居高临下俯视志愿军阵地，志愿军的一举一动尽在其掌握中。在高地上，敌人修筑了坚固的工事。李承晚的一个加强连盘踞这里已有一些时日。高地前方是一片开阔地，没有任何掩护，而且全部在敌人的火力覆盖范围内。对于敌人来说，防守这样的开阔地易如反掌，他们甚至不用凭借高地上的工事。

夺取391高地，对第15军不仅有战术上的意义，还是一场"荣誉之战"。时任第15军29师师长张显扬回忆，当时部队指战员中流传着一句话，"东方亮了，西方亮了，15军不能出洋相"，意即第15军东西两侧的兄弟部队都已经在"全线战术反击作战"中首战告捷，而15军暂时还没有取得战果，不能打输了。

391高地正处于第29师的阵地方向上。这是第15军在"全线战术反击"中的首战，张显扬不敢有丝毫懈怠，曾带着参谋人员亲抵最前沿。不用望远镜，391高地俯瞰周围都能一览无余。要拔掉391高地这颗毒牙，关键的问题是，如何才能顺利地通过高地前那3000多米长的开阔地。

经过勘察，发现了一个有利于进攻的因素。那就是这片开阔地杂草丛生，一人多高的荒草中，几十米开外就看不见人影了。如果趴进去一动不动，敌人不会察觉。那么，利用这一有利地形，夜间摸到敌人眼皮底下突然发起攻击，是否可行呢？军师团指战员在仔细研究这个作战方案后，觉得还是不妥。因为长达3000米的开阔地，即便是夜间经过也几乎要一路匍匐，隐蔽在杂草中才能不被发现，再加上攻坚战斗的时间，一个夜晚根本不够……

最终确定的方案是：派一个突击队头天晚上潜伏在敌人阵地前方，第二天晚上发起总攻时突然杀出，让敌人措手不及。同时，也缩短了进攻的距离。这样的话，就意味着进攻部队要在敌人的眼皮底下潜伏至少一天一夜。执行潜伏任务的战士，要把自己当成静物一动不动。一旦暴露，就是灭顶之灾。

1952年10月10日，军师团首长亲临参战部队进行战前动员，明确提出潜伏中要严格遵守的纪律，要求一定要搞好伪装，为了整体，为了胜利，在任何危急情况下都不得轻举妄动。战士们出征前，面向军旗庄严宣誓。

在四川省乐山市太平镇，邱少云的战友李清华谈起60多年前的那次宣誓说："头天就宣誓过，哪怕有个蚂蚁在你脸上，都不能动一下。一动就要暴露目标。"

最坚忍的潜伏任务

1952年10月11日晚，趁着夜色，第15军29师87团挑选出的500多名指战员抵达前线阵地，完成了所有的伪装准备。随后，部队分散开来，按照设定好的攻击梯队，逐次潜入开阔地的荒草中，悄无声息地接近391高地。长达20多个小时的漫长潜伏，开始了。

夜色如墨，万籁俱寂。不时地，391高地上的敌人打出一发照明弹，把夜空骤然点亮。对于长满荒草的山脚和那片开阔地，敌人始终不放心，除了发射照明弹外，有时还向阵地前方胡乱扫射一通，既是为自己壮胆，也是在不断地进行火力侦察。

锁德成，邱少云所在班的班长。回忆当年同邱少云一起执行潜伏任务，他说，500多名指战员散布在几平方公里的开阔地上，实际上是精心布置的队形。（第87团3营）9连是主攻连，埋伏在最接近391高地的山脚处。1排是9连尖刀排，3班是尖刀排的尖刀班。

趴在离锁德成几米远处的邱少云，带着一把大铁剪和自己的武器，处在整个进攻阵型的最前端。按照战斗计划，总攻开始后，邱少云要首先剪开敌人阵地前沿的铁丝网，由身后的爆破手冲上前去炸毁敌人的碉堡。

在敌人的眼皮底下，战士们克服了饥饿和寒冷，顺利埋伏了一整夜。直到第二天上午10点多，整个潜伏计划都极为顺利。可是，这时，阵地上突然出现的一幕，让整个潜伏任务险些功亏一篑。

几个敌人从工事里走了出来，径直向山脚下走去。如果他们一直往下走，必定会发现潜伏的战士……千钧一发之际，后方一颗炮弹"轰"的一声，在这伙敌人身旁爆炸。原来，为了配合潜伏战士，志愿军炮兵部队早就瞄准了敌人阵地。当后方观察所发现这突发情况很有可能影响到前方战士的潜伏时，便果断下令向敌人开了一炮。

敌人被迅速消灭。虽然类似的冷枪冷炮双方都习以为常，但这次炮火支援还是引起了敌人的怀疑。他们派出侦察机侦察，还向前沿阵地发射了十多发烟幕弹和凝固汽油弹，其中两发刚好落在邱少云潜伏地附近。

潜伏在邱少云附近的战友们的回忆，还原了他牺牲的大概情形。

锁德成说："敌人炸这个燃烧弹（烟幕弹），轰的一下子，给我炸了一脸……""……邱少云身上全溅满了，盖在身上的茅草扑啦啦烧了起来。这时，邱少云向我扔来一块土块，我知道他是问我该怎么办。我能说些什么呢……如果一动，那这个仗就全砸了，邱少云就这样一动不动地坚持着，让火给活活烧死了。"

潜伏在邱少云身后三米左右的李川虎说，燃烧弹的油液特别稠，是浓缩的，一炸开就四处飞溅，邱少云身上溅了不少。那火太大了，我看见他的全身抽动了一下，脸一下子绿了，手使劲插到了土里……他使劲把头往下埋着，火苗每抖动一下，身体就抽搐一次……

3班副班长李元兴在《我的战友邱少云》一文中说："……忽然，一阵浓厚的棉布焦臭味钻进我的鼻子，我扭头一看，啊呀！一片烈火烧到了邱少云身边，他的棉衣已经烧着了……火苗趁着风势，很快就结成一团烈火，整个儿把他包围了……这个伟大的战士，一直到牺牲前的最后一息，都没有发出哪怕是极轻微的一声呻吟……"李元兴回忆，当时伏在邱少云身后5米左右的他，能听到邱少云的头发被烈火烧得哧哧的响声，他的脸因疼痛而扭曲，两只手深深地插在泥土中……

邱少云没有动，旁边的战友也没有动。战友们和邱少云一样，清醒地忍受着痛苦，也清醒地知道，任何一个救火的动作，都会暴露整个潜伏部队，造成更大的伤亡。

火足足烧了30分钟，才渐渐熄灭。阵地上依然宁静，好像什么都没有发生。邱少云用钢铁般的意志践行着自己的战前誓言。他用个人的牺牲，让"纪律重于生命"这句话在烈火中熠熠发光。

当天傍晚，总攻开始。潜伏了一天一夜的战士们一跃而起，高喊着"为邱少云报仇"，摧枯拉朽般地冲向391高地，很快歼灭全部守敌。

那个执拗的"川娃子"

1926年，邱少云出生在四川省铜梁县一个贫苦家庭。童年时，靠推船为生的父亲被船老板害死，之后母亲病死。带着年幼的弟弟，13岁的邱少云开始了雇工生活，甚至讨饭度日。在旧社会，他尝尽苦难。

1948年6月，邱少云被川军抓去当壮丁。其间，他做过马夫，

▲邱少云烈士画像

也当过伙夫。一次，因为把饭做煳了，连长把他捆起来毒打了一顿，还罚他站了一夜。在旧军队，他备受欺凌。

1949年12月，人民解放军挥师西南，川军瓦解，四川解放。邱少云作为"解放兵"，补进了当时的解放军第2野战军第10军29师87团3营9连1排3班（第29师后调归第15军）。这是邱少云人生的转折点。

在弟弟邱少华的记忆中，邱少云沉默寡言，倔强执拗。来到解放军部队的邱少云，依旧不爱笑，也不爱说话，但他会悄悄将自己的袜子放在磨破了脚的战友的床上，哪个战友的烟荷包空了，他会将自己省下来的烟丝默默地塞到战友手中……

邱少云所在的9连，是担任主攻391高地的第一梯队，而邱少云是9连的战斗骨干，但是，本该当仁不让地作为突击队员的邱少云，几乎两次错过这场战斗。

邱少云的战友郭安民回忆，在模拟进攻391高地的演练中，一向技术突出的邱少云忽然动作走形，很多战术不能顺利完成。在战场上，这不但会令自己处境危险，还会影响整个作战。9连连长程子英恼了，要把邱少云撤出作战名单。

邱少云当时没说啥。演练当晚，他找到卫生员。原来，他的腿上长了一个大大的脓包，一碰就疼，演练时影响了动作。邱少云着急地问卫生员，能不能想办法让脓包快点好。卫生员说，要等长"熟"了才能动刀。邱少云说，什么熟不熟，剜块烂肉算什么，你晓得我心里有多急啊！拗不过邱少云，卫生员帮他挤脓、消毒、包扎……

连队干部知情后深受感动，问他为什么不解释。邱少云说："说那些大话干什么，谁英雄谁好汉战场上见。"

邱少云回到了作战名单中，但临战前他发现，自己并不在执行潜伏任务的第一梯队。邱少云找到连长，连长告诉他，考虑到潜伏任务的危险性太大，团里决定只让党、团员参加，非党、团员作后备队。既不是党员，又不是团员的邱少云，没法再要求什么。他虽然服从了命令，但还是难过地哭起了鼻子。

那天，正好张显扬到9连来，看到蹲在角落里抹眼泪的邱少云。1996年，在接受新华社记者采访时，张显扬讲述了他特批邱少云参加任务的故事——

我去9连检查潜伏准备工作，快到连队时，看到有个战士在哭……我最烦手下的兵哭哭啼啼的，当兵就要有个兵样子！我让他站起来，问他是哪个连的。他说他叫邱少云，是9连的……我就冲着他怒吼，9连这么个大功连队，怎么出你这么个软蛋，你哭什么嘛！

邱少云很倔，说，谁是软蛋，我是伤心。连里不让我参加潜伏，他们不把我当个兵看。旁边陪我检查的87团团长孟建民解释说，这次潜伏考虑到危险性大，决定让党、团员参加，非党、团员在后方后备。

我说，这个规定太死板，这么好的战士，你没看出来吗？他求战心切，就是要打仗，这样的兵，我看可以去潜伏。孟团长当即让邱少云跟我们去连部。最后，程连长同意了邱少云去潜伏。邱少云高兴得很。给我敬了个礼，就走了。我记得，他人挺精神的，个头有1.7米左右，说一口四川土话。

受这次潜伏名单的触动，邱少云战前向党组织递交了入党申请书。这份申请书是郭安民帮助修改的。他记得里面有一句：亲爱的党支部，请考验我吧，如果我在这次战斗中牺牲了，希望党追认我是一名共产党员……

"……前些日子，我报名参加了中国人民志愿军，明天就要到朝鲜去打美国佬了。听我们指导员说，美国佬在朝鲜杀人放火，干尽了坏事。他们占领我国台湾省，还想占领全中国……我们就要回到旧社会去，分的房子和土地又要被地主夺去。我恨死了美国佬。到朝鲜后一定要拼命打仗，不怕死，为了让所有的受苦人都像我们家过上好日子，我死了又算个啥子么……"

这封落款为1951年3月15日的信，是邱少云写给家人的唯一一封信。当时，邱少云所在部队正在河北内丘做入朝前的休整。亲身感受了新旧社会两重天的邱少云，对旧社会的痛恨，对共产党、对新中国的拥护，跃然纸上。

邱少云参军前没有读过书，关于他如何学会了写字，有一段鲜为人知的故事。1951年初，邱少云主动找到文化教员郭安民，要教他射击，同时提出一个交换条件："他（邱少云）说，我没有文化，在这个地方40天，你能不能一天教我一个班（一个班10人），一个班就是10个字。4天教我一个排（一个排40人）。我说，要得。这样的话，这40天下来（过后）就是几百个字了。"

郭安民说，邱少云的军训五大技术（射击、刺杀、投弹、爆破和土工作业）很好，学习文化很刻苦，仅一个多月就能自己写决心书了。

1951年3月中旬，邱少云和战友们跨过鸭绿江，赴朝作战。进入朝鲜后，部队加强了训练力度。邱少云对武器装备特别有悟性，一摸就会，几经训练，成为一名技术尖兵。

精神丰碑屹立不倒

391高地战斗结束后，直到10月17日凌晨，团侦察参谋梁嵩山等人才在一片烧光的坡地上找到了邱少云的遗体。只见烧焦的遗体蜷缩着，身上的衣服与

▲邱少云潜伏时被烧焦的枪

胶鞋大都烧光了，唯一没被烧焦的是插进泥土里的那双手。怀着沉痛的心情，战友们将邱少云的遗体包裹起来，带回团部。

郑大藩，时任志愿军第15军《战场报》记者。邱少云牺牲几天后，他听第87团团长孟建民说起邱少云的事迹，疑惑地询问，邱少云是着火前死亡，还是一点点烧死的？

当他被带到9连，李元兴、李川虎、锁德成等亲眼看到邱少云牺牲的战友，给了他无比肯定的答案。郑大藩终于相信了，更被深深地震撼了。他奋笔疾书，很快在《战场报》上发表了战地快讯《英雄的战士邱少云》。

1952年11月6日，志愿军第15军接到英雄事迹的报告后，认为邱少云的事迹感天动地，决定追记一等功。

1953年5月18日，《人民日报》发表郑大藩的长篇通讯《伟大的战士邱少云》。此文一出，在国内外引发强烈反响。邱少云以个人的牺牲，保存了几百人的生命，也保证了战斗的最后胜利。他的英雄事迹传遍全国，全国全军掀起了学习邱少云精神的热潮。

1953年6月10日，志愿军总政治部为邱少云追记特等功，并追授"一级战斗英雄"称号。6月25日，朝鲜民主主义人民共和国最高人民会议常任委员会授予邱少云"共和国英雄"称号，同时授予"金星奖章"和"一级国旗奖章"。

那个战火纷飞的年代已经远去。然而，那支被邱少云压在身下、枪托已变成炭黑色的冲锋枪仍在，那块巴掌大小、曾经紧贴过烈士最后心跳的军衣残片仍在。

令人心寒的是，一段时间，在网络上、在舆论场，一股邱少云事迹"违背生理学"的言论甚嚣尘上，邱少云的壮烈牺牲被一些人拿来恶意揶揄和取乐。

无论是有意还是无意，这些人都忽视了一些基本的东西。作为一支军纪严明的部队，中国人民解放军（中国人民志愿军）对战功的授予非常严格。1952年2月颁布的《中国人民解放军立功与奖励工作条例（草案）》，在全军统一了立功的等级、标准和审批的权限，从制度上和具体操作上规范了奖励工作。

邱少云被授予特等功和"一级战斗英雄"称号，不是哪个人或哪些人的异想天开，而是志愿军司令部面对全体从战场上生还的将士，经过严格审定后公开宣布的结果。

这些人不懂得，忍常人所不能忍，成常人所不能成，是为英雄。与其说"违背生理学"，倒不如说是"战胜生理学"。邱少云就是用强大的意志力战胜了生物本能的英雄。历史不容置疑，英雄不容抹黑。

正如国防大学教授卢勇所说："战争的暴烈性呼唤铁血斗士。什么叫铁血？如钢似铁的意志，视死如归的血性。正是这种意志，这种血性，使得邱少云能够战胜烈火焚烧的痛苦。也是这种血性，使得邱少云创造出超越生命极限的奇迹，同时也创造出超越战争，超越时代的这么一种精神。"

▲邱少云烈士纪念碑

"为整体胜利而自我牺牲的伟大战士邱少云同志永垂不朽"！穿越60多年的时空，这段刻在391高地崖壁上的文字依旧夺目。在这座海拔仅仅391米的无名高地上，邱少云为中国军人树起了一座巍峨的丰碑。

雷锋

一种永远的精神

　　他短短22年的生命历程，没有惊天动地的事迹，但是，半个多世纪以来，他的形象镌刻在中国人的集体记忆中。几代国家领导人为他题词，他是全中国最有名的士兵。以他的名字命名的精神，哺育和感召了几代国人。他，是雷锋。在农场当过拖拉机手，在钢铁厂当过工人，后来成为解放军战士，这不过是一个普通农家小伙的平凡经历；把自己的饭让给战友，维修推土机，捐款给需要的人，这也不过是些平凡小事。褪去那个火红年代的底色与激情，我们一起重新用心去认识这位熟悉的英雄。

少 年 雷 锋

1956年，雷锋小学毕业，考上高小。就在这一年，雷锋响应政府建设社会主义新农村的号召，主动回到农村。他的这个举动，在当地引起不小轰动。

雷锋当农民的时间并不长，因为读书识字，被借调到乡政府当通信员。1956年11月，望城县委机关缺一名通信员，雷锋又成为这里行政级别最低的公务员（此公务员非当下的公务员）。

起初，雷锋负责打扫县委书记张兴玉的办公室与会议室的卫生，以及打开水。但是，他一上来就把所有的办公室和会议室全打扫了，还为所有机关工作人员都打好了开水，甚至他每天都把办公楼的走廊也打扫得干干净净。16岁的雷锋，眼里处处都是活

▲雷锋（右一）与望城县委同事的合影

儿。很快，这个一笑有两个小酒窝，对谁不笑不说话的小鬼，已经是人见人爱。

雷锋做得最多的是送信和传达文件。那时，望城县、乡之间的上传下达，主要靠通信员步行完成。同事们怕雷锋累着，让他少干点活儿。雷锋总是说，干这些小事累不着，这些活儿比在地主家干的少多了。

1958年，望城县准备在团山湖开办一个国营农场。雷锋第一个报名，要求去参加农场建设。为了购买指标金贵的拖拉机，财政紧张的望城县发动机关干部捐款。雷锋捐了20块钱，成为全县青少年中捐款最多的一个。鉴于雷锋对购买拖拉机所做的贡献与他一贯的表现，望城县委选派他去团山湖农场学习驾驶拖拉机。于是，雷锋成为县里第一个拖拉机手。

1958年，从4月底到5月12日，雨下个不停。沩水河的水位一直在警戒线以上。看到机关干部大部分参加了治理沩水工程，雷锋再三申请要去。在团山湖农场场长、党委书记李庆发的回忆中，当时，雷锋被安排和师傅们继续垦地开荒，但他一干完自己的活儿，就来到堤上挑土、车水忙个不停。

5月12日，通知说当晚还有更大的洪峰到来，雷锋又过来帮忙。夜里1点多，李庆发和雷锋站立的大堤被撕开一道裂口，怎么都堵不住，最终河堤决口。李庆发隔着溃口喊：

"小雷，快撤退，你千万要做好那边民工的工作！"风雨中隐隐听到雷锋的回声："知道了……"

直到第二天上午八九点钟，雷锋他们才满身泥浆地赶回来。后来了解到，河堤决口后，溃口西边有50多人，大部分是农业社社员。雷锋带着他们沿大堤撤退，但前面大堤上的子堤也被洪水冲毁。大家没有安全感，人心惶惶。

那一刻，身高只有1.54米，不满17岁的少年，成了这些大人的主心骨。雷锋安慰大家，目前，我们虽然前无去路，后无退路，但很安全，因为河堤两边都有水，堤身受的压力均衡，再不会发生溃堤的危险了。人们的情绪渐渐稳定下来。雷锋继续说："我们的处境，场长和其他领导同志是知道的，是会千方百计来营救我们的，只要我们互相照顾，坚持到天亮，我们是一定能胜利脱离危险的。"

"……如果你是一滴水，你是否滋润了一寸土地？如果你是一线阳光，你是否照亮了一分黑暗？如果你是一颗粮食，你是否哺育了有用的生命？如果你是一颗最小的螺丝钉，你是否永远守在你生活的岗位上？如果你要告诉我们什么思想，你是否在日夜宣扬那最美丽的理想？你既然活着，你又是否为了未来的人类生活付出你的劳动，使世界一天天变得更美丽？……"

雷锋以忘我的劳动和突出的成绩，回答着1958年6月7

日日记中的这一串疑问，当上了社会主义建设积极分子。

工 人 雷 锋

1958年10月，鞍钢到望城县招工，雷锋报了名。也就在这个时候，还叫雷正兴的他，改名雷锋。同年11月15日，雷锋来到鞍钢。烟囱林立，厂房幢幢，祖国钢都的壮观景象，让雷锋兴奋不已。他对同伴们说，能在这里为社会主义建设出力，真是太美了。

雷锋一心想到鞍钢的第一线工作，可是组织上考虑到他开过拖拉机，决定让他去洗煤车间开推土机。雷锋有些想不通。他找到车间主任说，我是一心一意为祖国炼钢而来的，为啥偏偏让我开推土机？当了解到推煤是炼钢不可或缺的工序时，雷锋当场表示，我就甘当螺丝钉了，党把我拧在哪里，我就坚守在哪里……

如今，在鞍钢集团展览馆的展品中，有一台被命名为"雷锋号"的C80推土机。C80推土机是苏式重型机械，驾驶座前长短不一的操作杆有七八个，驾驶起来震动大，劳动强度也大。当年，由于个子矮，雷锋有时不得不站着开。可是，场地不平，车子颠簸时脑袋常撞到车棚盖，他就猫着腰干。这种姿势坚持不大会儿，就累得腰酸腿疼。但是，雷锋拒绝了车间主任给他换小车子的建议。

会开推土机后，雷锋看到由于推土机出故障，找人维修耽误时间，影响生产，就利用业余时间学习维修技术。在很短的时间内，雷锋就基本掌握了推土机的性能和一般故障的排除方法。这样，他在工作时一发现推土机出故障，就能及时排除，既节省了维修费用，又保证了生产的顺利进行。由于精心操作和及时维护设备，雷锋使用的推土机多次被评为工厂和车间的红旗设备。雷锋的经验很快在车间推广开来，很多工人都成为既能操作，又能维修的多面手。

东北的冬天风雪大，能见度低，推土机在门型吊车下推煤时，雷锋总是跳下车来在风雪中指挥，保证吊车司机和推土机手在能见度差的情况下安全作业。那台 C80 推土机，默默见证了这一切。

"人的一生应该这样度过：当他回首往事的时候，他不因虚度年华而悔恨，也不因碌碌无为而羞愧；当他临死的时候，他能够说：我的整个生命和全部精力都献给了世界上最壮丽的事业——为人类解放而斗争。"无数次，雷锋在 C80 推土机上翻看那本《钢铁是怎样炼成的》。这时的他，渴望像保尔·柯察金那样，为了修铁路，与冰雪抗争，日夜奋战。这是19岁雷锋的英雄梦。

今天的弓长岭，曾经是鞍钢化工总厂的焦化厂。1959年那会儿，这里位置偏远，一片荒芜，冬天最冷时达 -30℃。当年8月，焦化厂需要一批技术骨干和青年工人来支援建设。就在大家踌躇不决时，雷锋主动请战，要求到最艰苦的地方锻炼自己。作为青年突击队队长，雷锋带领大家在弓长岭盖宿舍，为此，他还发明了往房顶运料的斜杆。

1959年夏，焦化厂进来几车皮建焦炉急需的高标号水泥。一天晚10点多钟，天气突变，风雨将至。焦化厂调度员陈兴禄焦急万分，暴露在室外的水泥价值几千元，很可能因为下雨全部报废。

为了不影响工友，雷锋当时正在调度室看书。听到动静，他第一反应是跑向宿舍号召工友一起抢救水泥。雷锋在鞍钢的工友、同乡易秀珍回忆："雷锋没有想别的，把自己的被子和棉袄抱出来了（盖水泥）。"

曾经很多次，雷锋这样忘记过自己：搅拌水泥的时候，天气寒冷搅不动，他脱下鞋，用脚搅拌；焦化厂搞炼钢，开推土机累得腰酸背痛的他，工余时间坚持去帮忙。对于雷锋而言，这些付出和舍弃，与他收获的某种东西相比，无足轻重。"我要永远愉快地多给别人，毫不计较个人得失。"

在鞍钢工作的14个月，雷锋3次被评为先进工作者，5次被评为红旗手，18次被评为标兵，荣获"青年社会主义建设积极分子"称号。

1959年11月末，沈阳军区冬季征兵的工作开始了，雷锋积极报名入伍——他要去实现他当兵的愿望了。

军 人 雷 锋

"这天是我永远不能忘记的日子，这天是我最大的荣幸和光荣的日子。我走上了新的战斗岗位，穿上了黄军服，光荣地参加了中国人民解放军。我好几年的愿望在今天已实现了，我真感到万分的高兴和喜悦，这是我一生最大的幸福。"1959年12月25日，雷锋在日记中用"永远""最大""万分"这样的词表达自己的心情。

1960年1月8日，雷锋参军入伍，正式成为一名解放军战士。当年3月，新兵连训练结束，雷锋被分配到工程兵某部运输连四班当汽车兵。入伍后的雷锋，依旧忙个不停，及时伸出自己的援

▲ 雷锋利用业余时间维修保养车辆

手：给工地送砖，帮助生活困难的大爷，送丢了车票的大嫂上车，帮农民上街拾粪，帮战士补被子、补习文化，任小学生的课外辅导员……他在日记中写道："人的生命是有限的，可是，为人民服务是无限的，我要把有限的生命，投入到无限的为人民服务之中去。"

这辆车牌号为J7-24-13的"嘎斯51"汽车，1989年被命名为"雷锋号"汽车。这辆车当时在连队状况最差，经过多次大修，部件磨损严重，是连队有名的"耗油大王"。连队开展节油活动，这辆"耗油大王"哪个班、排都不愿要，雷锋却主动请求开这辆车。雷锋利用工余时间维修保养车辆，使这辆全连有名的"耗油大王"变成了全连人所共知的节油标兵车。

"……忘记过去就是背叛……我每花一分钱都很自然地联想起过去的生活，告诫自己不能忘本……每月发6元津贴费，我只留5角钱零用，余下的都储蓄了。入伍半年多，节约了32元，加上我在工厂节余的工资，储蓄了200多元。"雷锋写道。雷锋的战友李德明老人说，雷锋日常生活非常节俭，衣服破了总是缝缝补补，从不见雷锋乱花钱。

但是，如此"抠门"的雷锋，只要一听说谁需要帮助，从来出手大方。当得知战友家里受灾，生活困难时，雷锋悄悄给战友家邮了一些钱；当抚顺市望花区人民公社召开大生产动员大会，雷锋一下子捐出几年攒的200元钱（望花区党委办公室只收下一半）；当辽阳遭受百年不遇的洪水时，雷锋捐出另外的100元钱……

1960年8月的一个傍晚，雷锋正和战友研究汽车理论，突然发现西边一栋楼冒烟了。雷锋喊上大家冲了过去。当他爬上房顶挥起扫帚灭完火，才发现自己的鞋子、衣服都烧坏了，双手也烧伤了。几天后，当地山洪暴发，正在拉肚子、手伤未愈的雷锋，没有听从连长"留守值班"的安排，也赶到了上寺水库抢险救灾。烧伤的双手鲜血直流，雷锋硬挺着连续奋战7天7夜。尽管雷锋一再拒绝，团里还是给他记了一次三等功。

然而，就是这样的先进，也有挨批评、打退堂鼓的时候。一张手拿鲜花坐在车里的"奔驰在前线"的照片，是雷锋1960年1月28日拍摄的。这是雷锋在部队的第一个大年初一，团拜会结束后，新兵蛋子雷锋以为可以自由活动了，没有请假，就独自跑到营口市照相馆。"回来后就被指导员找去批评了一顿，还给他讲了邱少云的故事（强调遵守纪律）。"时任团俱乐部主任陈广生回忆。

1.54米的个头，给雷锋添了不小的麻烦。投弹训练不及格，参加工程兵体育集训，更让他痛苦不堪。薛三元是雷锋生前所在班班长，他说："……他吊环、体操、木马都没有接触过，一点基础都没有，所以训练确实很苦。训练到后来，我在下铺，雷锋在上铺，连（床铺）爬都爬不上去。"

那个当年曾高唱"钢铁元帅已升帐"，把名字改为"先锋"的"锋"字的雷锋，此刻有了退缩的想法。薛三元回忆，"他说'我想回去'，我说，'什么，想回去？'……我把他批评了，把他批评哭了，当时听（这话）也很生气，这点苦也吃不了！"

接下来，"每天中午午饭后，在高高的驾驶楼，你总会看到这个20岁的年轻人捧着那本已经被翻得很旧的书《毛泽东选集》或《钢铁是怎样炼成的》，在仔细揣度……"超强度的训练，需要坚强的意志支撑，也许是这些著作化作巨大的力量，雷锋终于拿下了一项又一项训练指标。

1960年1月入伍，当年7月上报发展党员名单，全团100多人中，运输连的雷锋是唯一一名新兵。和平时期，入伍不到一年的新兵，一般是不考虑作为党员发展对象的。但当时，雷锋已经是全团学习的榜样。

随后，团党委专题讨论批准雷锋入党。"当时是我给雷锋送的入党申请表格。"时任雷锋生前所在团的技术营营部书记张时扬说，"雷锋和100多个老兵一起入党，全连没有一个人反对。"

雷锋"后人"

父母兄弟都死于悲惨的旧社会，7岁成了孤儿，是中华人民共和国的到来，结束了雷锋苦难的生活。被别人帮助，带着感恩之心，又去帮助别人。爱和笑容一起，从雷锋身上传递出去。

1962年8月15日中午12点5分，雷锋的生命定格在22岁。然而，半个多世纪以来，雷锋好像一直未曾离开。他爱党爱国，助人为乐，勤奋工作，勤俭节约的事迹，活在人们的记忆里。在他之后，出现了千千万万个和他一样的人。

"一个共产党员是人民的勤务员，应该把别人的困难当成自己的困难，把同志的愉快看成自己的幸福。"这是雷锋的人生信诺，也是雷锋传人的人生坚守。

1960年秋天，在辽宁抚顺市郊的一片杨树林里，几千名官兵在倾听一位"小个子战士"的报告。他就是雷锋。他的报告感染了听众，台下响起

▲雷锋帮战友洗衣服

充满激情的口号："向雷锋同志学习！"呼喊的人群中，有560位来自河南邓州的新兵。

这些雷锋的战友陆续离开部队后，立足各自本职工作，50多年如一日沿着雷锋的足迹走，照着雷锋的样子做，并于1997年4月成立了"编外雷锋团"。如今，"编外雷锋团"已由最初的3个营560人，发展到25个营1.4万余人，他们中有退伍军人、农民、工人、干部、学生、企业老板……他们有过困顿，受过冤枉，但他们始终没有忘记向比他们更困难的人施以援手。"走进来学雷锋，走出去做雷锋"，是"编外雷锋团"几十年不变的"团规"。

1983年7月，一个叫朱伯儒的军人坚持不懈学雷锋的事迹被传播开来。他曾经跳进冰冷的东湖水救起一个落水青年；他曾经在隧道塌方的危急时刻，奋不顾身地把民兵推出险境；曾经在旅途中热心照顾一位突然犯病的华侨老太太；曾经义务赡养过10个人，把7个人从死亡线上抢救过来……他被人们称为新时代的"活雷锋"。

20世纪90年代，一位上海普通水电修理工感动了中国，他叫徐虎。看到供电线路不负重荷，自来水设施老化导致断电断水频发，1985年6月23日，徐虎做起了老百姓的"义务工"。每天19点，成为徐虎生命中一个重要的时间。每晚的这个时刻，当千家万户围坐在一起吃饭、看电视的时候，他总会奔忙在去居民家中修电路、通下水道、掏马桶的路上。11年间有8个除夕夜，他都没有和家人一起度过。人们称赞他："谱写了一曲新时代的雷锋之歌"。

"他总看别人还需要什么，他总问自己还能多做些什么。他舍出的每一枚硬币、每一滴血，都滚烫火热。他越平凡，越发不凡；越简单，越彰显简单的伟大！"这是"感动中国"2010年度人物组委会授予辽宁鞍山郭明义的颁奖辞。

网络既是郭明义传播雷锋精神的通道，也是他助人为乐的途径。2012年2月10日中午，郭明义接到一个陌生男子求助电话……赶往医院的途中，郭明义发了一条微博：一名临产孕妇大出血，婴儿恐怕保不住，急需Ａ型血小板。请Ａ型血爱心队员到鞍山市中心血站献Ａ型血小板，救母子命……一个小时，求救微博被"粉丝"转发了100多次。这期间，一名志愿者赶到鞍山市中心血站。经检验，他符合捐献标准。孩子最终顺利降生。

这样一组数据令人动容：2009年以来，郭明义累计向社会捐助30余万元，资助了300多名贫困学生，捐献血小板折合献血量达6万多毫升，是自身血量的10倍。2009年至今，全国已有1200多个"郭明义爱心团队分队"，多达210余万名志愿者在"跟着郭明义学雷锋"。郭明义的"粉丝"达到2000万。

这个被中央文明委授予"当代雷锋"称号的人，用自己的行为告诉世人，只要愿意，每个人都可以是雷锋。

苏宁

一颗永恒的星

　　他一生没有参加过战争，却一生都在为战争准备。他独立完成和参与研制的军事革新项目达162项，其中多项成果被推广。作为高干子弟，他从没期冀借助父辈的光，照亮自己的前程。从战士到团参谋长，他一路走得坦荡。他破旧的腈纶内衣和枕了22年的包袱皮，总会让凡俗的我们汗颜。他舍身救人的壮举，更让无数人感叹。他以对党、国家和人民的无比忠诚，履行着和平年代一名军人的光荣使命，树立了一名共产党员的光辉形象。他是苏宁。

作为团参谋长，他的革新项目达162项

一条伴随苏宁20多年的武装带的腰带内侧，苏宁用钢笔惟妙惟肖地画了14个现代战机、导弹、火炮、舰船等兵器，方寸之间折射出他对国防现代化的渴望。在22年的军旅生涯中，他把这种渴望，更多地化作想现代化、钻现代化、干现代化的军事实践。

苏宁所在的部队驻守在黑龙江。那里的冬天，朔风呼号，滴水成冰。每年冬季拉练和演习，野外露营时，官兵们都要靠打雪洞过夜，冻伤时有发生。

1989年，看到战士们冻伤的身体，苏宁萌生了研制"多

▲苏宁（右）与战友雪地宿营

功能帐篷"的想法。按照苏宁的设计图，全家人忙活了一个多星期，一顶纯手工制作的多功能帐篷终于完成。苏宁设计的这种多功能帐篷，隐蔽性强，保温性能好，拆装方便，体积又小，后来装备到了军区部队，被命名为"90型多用便携帐篷"。

苏宁发明的"小玩意儿"还有不少，像减轻战士负荷的三种爬犁、火箭炮简便射击发射架，还有导弹野战训练模拟器，等等。

1991年，海湾战争爆发。钢铁与钢铁撞击，高技术与高技术对抗，大纵深、立体化、全方位的较量，这场战争震惊了世界，也带给苏宁震撼。怀着危机感和紧迫感，他反馈出一系列研究和训练课题：

他提出大力加强部队的心理训练，并在力所能及的范围对导弹射手进行战场声响模拟训练；他和团长商量，决定从减少指挥程序、实现指挥自动化方面考虑，改革有关设备，并且着手试制；他提出加强对打坦克的研究，写出了《反坦克导弹山地射击时高差耗线现象》。

其实，并非海湾战争让苏宁开始思考和研究现代战争。早在1981年，他就大胆提出把计算机引入决策系统。由于历史原因，苏宁只读了初中。然而，他拿出蚂蚁啃骨头的劲头去钻研攻关。当时，国内的计算机技术还非常落后，驻地偌大的一个市也没有几台计算机。苏宁跑大学，去研究所，和专家广泛联系，学习计算机语言。他的兜里总是揣满了小纸片，有了灵感就及时捕捉住。

经过近两年的努力学习，艰苦攻关，苏宁终于完成了包括几千个数据、上万个计算公式，共两万余字的

▲ 强烈的忧患意识，促使苏宁夜以继日地学习

《摩步师攻防计算机辅助决策系统》的总体设计方案。这一研究成果立即引起当时的总参谋部和军事科研单位的极大关注。经与专家合作，最终研制成了《陆军师团攻防作战微机模拟系统》，由此引发了指挥手段的巨大变革。

1989年底，炮兵团与哈尔滨工业大学合作，进行"激光测试炮弹初速"课题研究。苏宁是课题组的军方负责人。有人劝苏宁："这么大的难题，科研单位都拿不出解决的方法，你不是自寻烦恼吗？好则无功，坏则有过，何必担那么大的风险呢？即使成功了，对你又有什么好处和实惠呢？"苏宁回答："我什么也不图。作为基层指挥员，这个难题我完全可以不去考虑。但我总觉得，我们的国防现代化，人人有责。"经过艰苦的努力和大量的实验后，苏宁和他所在的课题组掌握了大量第一手资料……

海湾战争让苏宁以一种全新的视角，审视以往的军事理论研究。他的《对现代作战中"非物质战斗力损耗理论"的探讨》一文，在全国军事运筹学会和军事系统工程学会年会上发表，引起强烈震动。全军军事运筹学会秘书长陈庆华教授认为，这个理论填补了军事运筹学研究的空白，为动态研究军队作战能力提供了一条崭新的途径。

"当你看到外军指挥系统一秒钟处理几万个数据，指挥战争效率成倍增长，而我军指挥员们还用铅笔在地图上'点点'时，作为一个中国军人，你不着急吗？"正是这种强烈的忧患意识，促使苏宁夜以继日地学习和研究。

位于沈阳市的陆军第二档案馆，存放着苏宁总计50多万字的70篇论文手稿。从1981年到1991年，苏宁独立完成和参与研制的革新项目多达162项。其中，一项获全军模拟器材二等奖，六项获总部、军区机关肯定和推广，一项获军区科研成果四等奖，八项被军区、集团军推广。炮兵指挥学院在苏宁进修的毕业鉴定中这样写道："该同志学习上钻劲大，有创新开拓精神，有较强的专业学术研究能力和文字表达能力，是个不可多得的人才……"

一个军务缠身，"两眼一睁，忙到熄灯"的团参谋长，竟然写下几十万字的论文！哈尔滨工业大学一位教授感慨说："一个教授一生治学，也就那些成果，苏宁在工作之余，竟取得了这么多学术成果，真不简单！"

在3.7秒内，他用生命拯救了两位战友

1991年4月21日，苏宁同往常一样，第一个来到靶场。这天上午，按预定计划，炮兵团要进行轻武器实弹射击和手榴弹实弹投掷作业。

作为部队首长，苏宁完全可以吩咐作训股长组织实施，也可以在下达命令后，自己退入安全地带进行监督。可是，他坚持进入投掷点监护。苏宁先是强调了注意事项，然后投出第一枚手榴弹，为大家做了示范。

轮到12连投弹时，意外发生了。一位连长引弹时用劲过猛，手榴弹撞到回字形堑壕的后沿，脱手后，滚落到了监护人李印全的脚下。拉掉了保险的手榴弹，一般会在3.7秒内爆炸。在大家都没有反应过来时，苏宁已经冲了过来。

"快卧倒！"苏宁奋力将紧靠手榴弹的两位战友推开。俯身抓起手榴弹，想扔出堑壕……可是手榴弹尚未出手，一声巨响，手榴弹爆炸了……

苏宁平静地躺在手术台上，军衣和台布被染得殷红殷红。

整个炮兵团处在难以抑制的震惊和悲痛中。一批批官

▲结合军队现代化建设实际，苏宁（右二）加强部队训练

兵拥向师医院，呼喊着如同兄长般的参谋长。他们彻夜等候在医院门口，要求为他们爱戴的参谋长献血；他们用自己的津贴买来各种食品，坚持送给参谋长。一名战士死死缠住医生："求求你，救活参谋长吧，只要救活他，要我的什么器官都行。"

苏宁的妻子武庆华说："听到苏宁负伤的消息，心里咯噔一下。坐在去医院的车上，心里七上八下的，还有点怨气。心想，这种不要命的事儿，好像专门留给他做的。都是团级干部了，还像当连长似的。"在妻子看来，苏宁有这样的举动并不奇怪，因为他"老怕别人吃亏"。

在苏宁22年的军旅生涯中，曾经5次在这样的险境中舍身忘我。1978年4月和1979年3月，他两次组织新兵进行手榴弹投掷，由于新战士心情紧张，将已经拉弦的手榴弹掉在地上。苏宁迅速冲上去，将危险排除。1987年11月，部队在野外进行实弹射击考核，司机驾驶载重牵引车过桥时，因冰雪路滑，车右后轮滑落桥面，随时都有翻车危险。苏宁不顾个人安危，钻到车下，将牵引绳固定在后桥上，指挥大家把车拉了出来。1990年5月，苏宁在组织部队手榴弹实弹投掷时，出现了2枚"哑弹"，又是他抢先跳出堑壕，将"哑弹"引爆。

这一次，"老怕别人吃亏"的苏宁，在3.7秒时间里，用许多人一辈子都难以完成的动作，拯救了两位战友的生命。

苏宁的脑死亡已进入第8天，可他那颗滚烫的心仍在跳动。1991年4月29日，亲人和战友们的呼唤，没能留住苏宁的生命，他的心脏停止了跳动。一位护士记住了那个时刻，18时8分。

医院最终的死亡结论是这样下的："由于手榴弹爆炸造成开放性重度颅脑爆震伤，导致脑细胞大面积坏死和中枢神经严重损伤，经抢救无效死亡。"苏宁头部、胸部、双手共中了14块弹片，实际上，在手榴弹爆炸的一瞬间，他就不行了。

战友们用颤抖的双手为苏宁穿上了军装，小心翼翼地把一副中校军衔肩章给苏宁戴上。战友们心里念叨着：参谋长！你的中校军衔肩章刚刚接到两天，怎么连这中校军装还没来得及穿上，就这样匆匆走了呢？

妻子在丈夫冰冷的脸上留下深深的一吻。父亲苏醒拉住儿子残缺不全的手，只说了一句话："宁宁，好样的，爸爸为你骄傲。"

他从不打老子的招牌，不摆当官的架子

1953年12月7日，江苏南京，苏宁在这里出生。父亲用南京的简称"宁"为他取名。苏宁的父亲苏醒，1937年参加八路军。苏宁出生时，苏醒作为第3军骑兵团政委，正在南京军事学院政治系学习。

在部队大院长大的苏宁，从小就受到革命传统的熏陶，树立了长大当兵报效国家的坚定信念。1969年2月27日，刚满15岁的苏宁如愿入伍，成为原23军炮兵团的一名战士。1970年春，苏宁所在部队换防，来到黑龙江哈尔滨。

入伍后的苏宁，从不显露自己的家庭身世，许多战友都不知道他是高干子弟。在连职岗位上，他一干就是7年，在营职岗位上干了8年。3年炮兵学院的深造，使苏宁开阔了眼界，可也错过了提升的机会。回到原部队，他当连长时手下

的排长已成了副团长，他依然是一个副营职的股长。

转业到地方的一个战友到国外留学，苏宁去送行。战友十分同情地劝苏宁："这年头都去挣大钱啦，别鼓捣你那些玩意儿了，在部队没啥发展，靠你老父亲的关系赶快转业吧，凭你的那个聪明和拼劲，到地方肯定能混出个样儿来！"然而，苏宁不为所动。苏宁自有苏宁的追求。

苏宁牺牲后，人们走进他担任团参谋长时住的宿舍。在那间总面积约9平方米的背阴小屋里，找不到一件奢华的物品：一张油漆已脱落的二屉办公桌，一把木椅，一个简易的书架，一张木板床。而他的枕头，竟然是20世纪70年代初发给士兵的一尺半见方的白包袱皮裹着内衣！

当中央电视台把苏宁用了22年的白包袱皮和他牺牲时穿在身上的那件破旧腈纶内衣展示在大众面前时，一些群众在感动之余质问："他的家人为什么不管管？"对此，武庆华感到委屈。她指着家里的皮夹克、羊毛衫等衣物说："这都是我给他买的，还有我给他织的毛衣，可他就是不爱穿。"

1989年，是苏宁当参谋长的第3年。当时，他的月工资为300多元，武庆华是一名军医，也有稳定的收入。他们家，在当地至少属于中等收入家庭。然而，苏宁的日子一直过得很简朴。在他看来，"咱们干部子弟，应该保持爸爸在延安时期那种简朴的作风"。

保持老一辈的光荣传统，秉承这样信念的苏宁，时刻不忘把关爱送给身边的人。每个春节，他都坚持到部队值班，把与家人团聚的机会让给战友；小战士病了，半夜三更，他端来热面汤，却不唤醒炊事员；他管汽车，但回家总是坐班车或挤公共汽车……

那年冬天，部队在 -20℃的严寒中执行煤气工程管线的挖掘任务。作为全工地最高的首长，苏宁跳进没膝深的冰水里和战士们一样挥锹抡镐。棉鞋底蹬折了，换双单鞋继续干；顶着寒风，坐着锹把儿，啃硬馒头，喝带冰碴的菜汤；湿透的衣裤被寒风冻成了邦邦硬的"铁皮"，仍然坚持……苏宁心里总是想着别人，唯独忘了自己。

苏宁常讲：铁打的营盘，流水的兵。这1000多名战士，

▲跨越障碍示范的苏宁

就像一批批种子，要流向全国各地，我们党员干部的一言一行都会给他们留下很深的烙印。我们担负着继往开来的重任，有责任把战士们培养成开拓的一代、艰苦奋斗的一代、一心为公的一代，必须时时处处言传身教，用自己的风范给群众树立真正共产党人的形象！

"我们是人民炮兵，无上荣光""大炮是我钢铁的臂膀，高山海洋天空布下神圣火网"……这首《人民炮兵之歌》，是由苏宁作词作曲的。在战友们眼中，多才多艺的参谋长堪称完美。跨越障碍，他动作潇洒；实弹射击，他百发百中。37岁时，苏宁还有着这样的成绩单：100米短跑用时12秒；单杠一口气能做7练习；5公里长跑，位列干部组第一名。

苏宁的事迹在神州大地传开，人们在痛惜，也在深思——这个年仅37岁的高干子弟、团职军官，一生从不打老子的招牌，从不摆当官的架子，而是将身子深深躬下去，"像雷锋那样做人、像焦裕禄那样做官、像陈景润那样去攀登军事现代化的高峰"。

他是"一颗永恒的星，一团不熄的火"

1993年2月，中央军委授予苏宁"献身国防现代化的模范干部"荣誉称号。2009年9月，在中央宣传部、中央组织部、中央统战部、解放军总政治部等11个部门联合组织的评选活动中，苏宁被评为"100位新中国成立以来感动中国人物"。

一位炮兵英才走了，带着他对国防现代化的孜孜追求，带着他强国强军，备战打赢的光荣梦想。苏宁对于军事前沿的思考和探索，无疑是超前的。他的身上，洋溢着现代军人的血性和担当。

作家熊召政说："一个时代没有英雄并不可怕，可怕的是丧失了产生英雄的土壤。"

如今，当年苏宁牺牲的地方，已用大理石筑起一块纪念碑。每年4月，官兵们在纪念碑下进行宣誓活动——"学苏宁精神、做苏宁传人、建过硬团队"。

在原苏宁所在团，有"苏宁班""苏宁连"，还有"苏宁奖章"的评比。"争创刀尖子连队，争做苏宁式传人"，"苏宁精神"流淌在每一名官兵的血液中。

他叫王琦，21世纪初成为苏宁生前所在团团长。他始终以苏宁为榜样，带领全团官兵想打赢、钻打赢、练打赢。他精心设计变色迷彩伪装、"变民式"伪装……在他的倡导下，团里制订《高素质人才培养规划》，启动"百名科技教练员、百名多能训练能手、百名业务能手、百名科学文化尖子、百名科技种养能手"的"五个一百"高素质人才培养工程。几年来，团里共有20余项革新成果获科技进步奖，研制革新器

△2018年，苏宁生前所在部队官兵宣誓，做新时代苏宁传人

材170多件（套），其中38件被上级推广。

火炮技师赵其杰，从一名普通的战士到全团、集团军，乃至全军有名的修理"大拿"，他有几个叫得响的"硬货"：

——火炮通用退弹器，获全军科技进步三等奖。将原来火炮卡弹后需要8至10人至少2小时排除的工作，改变为只需1至2人10分钟即可处理完毕，不仅危险系数降到最低，而且适用于多种带身管发射的装备。

——自行火炮履带更换器，获国家专利。将装备履带更换工作5至7人30分钟的工作量，改变为只需1至2人10分钟内完成，安全系数高，且军地履带装备通用。

"老参谋长也是学历不高，但为提高部队战斗力服务，和学历、和岗位没有关系，每名官兵都有责任。"赵其杰说。2010年底，赵其杰获得沈阳军区"专业技术能手"称号，进入军区装备保障人才库。

在由机械化炮兵向信息化炮兵转型建设中，苏宁生前所在团打破行政和战斗编组，按训练编组，把每个专业的尖子任命为课目总教头，带动全团各个军事训练课目的提高。如今，团里为上级机关输送了大批创新型的高科技人才，被评为"全军学习成才活动先进单位""学雷锋学苏宁学习成才标兵单位"等，多次被上级评为"军事训练一级团"。

受"苏宁精神"激励感召的，不仅仅是苏宁生前所在部队官兵。2010年3月24日上午10时，驻港部队一名新战士在进行手榴弹实投作业时遇险情，掷出的手榴弹反弹到了他的脚边，就在手榴弹"嗞嗞"冒着白烟时，上尉黄立明挺身施救，上演了一曲新时代的"苏宁之歌"……

"一颗永恒的星，一团不熄的火。苏宁将火种播入亿万人心中，迸发出强大的精神力量。希望每一个青年学习苏宁，向前奋进！"作家刘白羽深情地留下了这样的题词。

李向群

用生命筑就抗洪大堤

　　23年前，时间并不久远。那年夏天，一场百年一遇的特大洪涝灾害发生在我们国家。从长江到松花江，浊浪滚滚。灾区人民奋起抗洪，全国人民无私支援，成千上万的解放军和武警官兵闻水而动，火速赶往灾区，扛沙包，堵决口，用汗水、鲜血，甚至生命谱写了一曲惊天地、泣鬼神的抗洪之歌。在成千上万个抗洪英雄中，他年仅20岁，军龄20个月，党龄只有8天。他带病坚持抢险，最终因劳累过度抢救无效，于1998年8月22日壮烈牺牲。他就是家富不忘报效国家、舍生忘死为民献身的抗洪英雄李向群。

在艰苦的磨砺中超越自我

南渡江，古称黎母水，是海南省第一大河。琼山县东山镇（现海口市秀英区东山镇）地处南渡江畔，这里曾是著名的琼崖革命根据地。

▲ 抗洪英雄李向群

1978年9月21日，李向群就出生在这里。从小深受革命传统熏陶的他，崇敬英雄，向往成为一名解放军战士。这样的梦想，在他心底生根、发芽。

伴随着改革开放，李向群的家富裕起来，到20世纪90年代初，已拥有上百万的资产。初中毕业后，李向群跟着哥哥跑运输，当上了小老板。然而，1995年，李向群做出一个令人意想不到的决定——到部队当兵。

尽管第一年被刷了下来，但李向群不气馁，经过一番努力，第二年再次报名应征。这一次，他终于实现了参军的愿望。父亲李德清对李向群说："你要去部队当兵，要当个好兵，要入党回来才是好兵。你不入党都不是好兵。"

带着儿时的梦想与父亲的期望，1996年12月，李向群来到原第41集团军"塔山守备英雄团"3营9连，开始了他的军旅生活。在接过崭新锃亮的81式自动步枪的那一刻，一份与众不同的情感，在李向群的心头升腾。

然而，当个好兵并非易事。新兵第一次体能测试考核的5个课目，李向群3个不及格，在连里倒数第二，最差的就是5公里。于是，李向群耍起小聪明。一次5公里跑，前面的战友忽然发现李向群赶上了自己，问他怎么回事，李向群说他是抄近路跑过来的……李向群的小聪明很快被班长识破。

连队有一项规定，表现不好的战士会受到特殊"惩罚"——到团史馆学习团史。在这里，李向群了解到战斗英雄任常伦的事迹。1944年的一次战斗中，任常伦在子弹打光后，用刺刀杀死了5名日本鬼子，最后壮烈牺牲，年仅23岁。

英雄的事迹，深深地触动了李向群。他为自己制定了一个训练目标："5公里，我一定要再下一点决心，达到优秀以上""投弹我决定要在优秀以上""战术，我要优良以上"……

之后，绑着沙袋跑5公里成了李向群每天的必

▲ 李向群努力使自己成为一个高素质的军人

修课。为了练投弹，李向群每天吃过午饭便拿着自制的挥臂器和手榴弹到训练场，每天中午挥臂100次，投掷50枚教练弹，他还向团里的训练尖子请教……

功夫不负苦心人。通过艰苦的努力，李向群终于实现了自己的训练目标。1997年上半年考核，他的训练成绩在全营新兵中名列第一，受到营嘉奖一次。1997年的年终考核，李向群获得军事训练满堂红，被评为优秀士兵。

磨砺，不只在训练场。刚入伍时，李向群还留有一点富家子弟的派头，吸烟，吃零食，花钱大手大脚。部队提倡士兵不吸烟，不喝酒，不进发廊，李向群郑重宣布："今后谁见列兵李向群抽烟，可罚他一个月津贴。"

这一次，李向群真的感受到了锤炼意志的艰难：每当烟瘾犯了的时候，他坐立不安，竟将残留着淡淡烟味的手指放在鼻子上嗅。再之后，他把戒烟的图案用红漆画在右手食指上，烟瘾犯时，抬手看到戒烟的图案，连指头也不嗅了。一个月下来，李向群硬是把烟戒掉了。

李向群在日记中写道："艰苦奋斗是一面精神旗帜。谁养成了艰苦奋斗的优良作风，谁就拥有一笔宝贵财富。"

李向群牺牲后，指导员胡纯林在整理他的遗物时，发现李向群竟没有留下一分钱。大家给他算了一笔账：李向群当兵20个月，总共领津贴费830元，入伍时从家里带来900元，共计1730元。这些钱是怎么花掉的呢？日常用品每月10元，函授学费360元，累计捐款共1030元，加起来一共花了1590元，其他开支仅140元。指导员胡纯林感慨地说："李向群真的是'贫穷的富家子弟'啊！"

人们常说，当代青年应具备的四种能力是会开汽车，会外语，会电脑，懂法律。只上过初中的李向群感到，不努力学习就不能成为一个合格的兵，不能做一个高素质的军人。于是，他报名参加函授学习。双休日，别人在聊天、看电视，他一个人钻进图书室学习；晚上别人入睡了，他在床上打着手电筒学习。1998年6月，李向群获得西南军地两用人才培训中心的法律专业结业证书和优秀学员证书。

1998年2月，李向群随部队到湖南省沅陵县执行国防光缆施工任务，因表现突出荣立三等功。

"选好目标铺好路，走好人生每一步"，在艰苦的磨砺中一步步超越自我，这是李向群的选择。事实上，放弃赚钱的机会和家中舒适的生活从军入伍，李向群就是奔着这种人生的超越来的。

做一个有价值的革命军人

1998年6月13日，李向群回家探亲。就在这期间，我国遭受历史上罕见的洪水灾害。尽管休假在家，但李向群每天都关注着各地的汛情。随着汛情的发展，作为军人的李向群意识到，部队很可能要去参加抗洪抢险。这么一想，李向群坐不住了。父母听说儿子要提前回部队，有些舍不得。李向群说："儿子现在是部队的人了，现在部队要抗洪抢险，我能待得住吗？"

6月22日，李向群提前归队。6月24日，漓江水位暴涨，桂林市区大面积进水，火车北站水深达1.2米。部队奉命到青狮潭水库抢险，李向群要求参加抢险，指导员说他一路上很辛苦，就不要去了，但李向群坚持要去。

到了青狮潭水库，李向群和大家一起扛沙包，垒大堤，干了两天两夜，圆满完成了任务。

这时，离时任美国总统克林顿来漓江只剩5天了，可漓江两岸垃圾成堆。李向群又随部队清除垃圾。他脏活累活抢着干，受到营部的通报表扬。

8月5日，李向群所在部队接到紧急命令，立即赶赴湖北

▲ 抗洪抢险中的李向群

灾区。30多个小时后，部队到达湖北荆州沙市，立即奔上大堤抢险。

8月7日下午2点，李向群随部队来到荆州弥市镇。当晚，怀着激动的心情，李向群写了一份入党申请书。

8月8日早上，他红着脸将入党申请书交给指导员，并表示："……请党支部在'水线'上考验我，把最艰巨的任务交给我，最危险的地方让我上，我一定用实际行动证明我的入党誓言。"

8日晚11点，为迎战长江第4次洪峰，9连的临时会议室里正在讨论参加抗洪抢险突击队的人员名单。刚刚递交入党申请书的李向群一心想加入突击队。可是，参加突击队的必须是党员、干部和骨干。想个什么办法才能加入突击队呢？

李向群来到会议室门口，大着胆子喊了一声"报告"，推开了会议室的门。在大家疑惑的目光注视下，李向群也有些不自在，定了定神，他大声说出希望批准自己参加突击队的请求。之后，他恳切地说："我自幼在江边长大，身体结实，水性好，最适合担任抗洪抢险突击队员了。"见连长还是不同意，李向群急了，说："连长、指导员，我虽然不是党员，但我已交了入党申请书，让我在突击队里接受考验吧！"……最终，李向群如愿成为抗洪抢险突击队队员。

8月13日10点25分，李向群随部队来到弥市镇大坪口幸福闸排险。幸福闸，江面弯多水急，漩涡不断，恶浪一个接着一个扑向堤岸。连长正在考虑下水排险的人选，李向群拨开人群走到连长跟前说："我下去试试！"说完一个猛子扎下去。

一分钟过后，李向群从下游十几米处冒出头来，由于水流太急，根本控制不住身子。连长命令用背包带把6个沙袋捆在一起放入水里，准备亲自下去查看。李向群一下子把背包带抢过来，说："连长，我下去过一次，心里有底，还是我下吧！"说完，他抱着沙袋沉入水中。

在下沉当中，李向群的右脚踝不小心碰到闸门，被划开一个口子，鲜血直流，可他全然不顾，来回探寻，终于找到了闸门渗水口的准确位置。李向群上岸后，连长见他受了伤，立即叫卫生员为他包扎，并让他去休息。李向群不肯，说："多一个人就多一分力量，多扛一袋沙包，大堤就多一分安全。这个时候，我怎么能休息！"在全连官兵的共同努力下，险情终于排除。

8月14日，由于李向群在抗洪抢险中表现出色，经连队党支部大会讨论，一致同意接受他为中共预备党员。李向群成为全团第一批"火线"入党的战士。当晚，李向群郑重地在自己的救生衣上写下"全力以赴"4个大字，提醒自己用尽生命的力量去捍卫大堤，保卫祖国和人民的安全。

松滋河，是荆江河段分泄江流的主要河道之一。湖北省公安县南平镇位于松滋河边，由于地势较高，临时安置了13万受灾群众。

8月16日，长江第6次洪峰抵达湖北沙市，水位达到历史最高纪录45.22米。松滋河水暴涨，洪水漫过大堤。

"塔山守备英雄团"接到命令，誓死保卫南平。李向群的战友林文雄回忆说，"沙袋，我们按正常都是一袋一袋地扛，他（李向群）就拿两袋，看到李向群拿两袋了，我们也拿两袋……"李向群的班长王绍说："他（李向群）在扛沙包的时候，总是一路小跑，他边跑边喊，快点啊！加油啊！快点啊！他这种声音老远都听得到。"

8月16日半夜，大雨再次瓢泼而至。李向群和战友们又冲上大堤。此时，他们已连续奋战了10个昼夜。洪峰一个接着一个，大堤险情不断，官兵们根本没有喘息的机会。

8月17日上午，与洪水搏斗了一夜的李向群，悄悄跟营部卫生员要感冒药，他高烧得厉害。

8月19日上午，李向群仍然没有退烧，听到天兴堤段又出现8个管涌群后，他和战友们奔向大堤。

8月20日晚，李向群高烧到40℃，头痛欲裂。即便这样，8月21日早上，李向群在头上勒了一根带子止痛，又到大堤上扛沙包。这一天，荆州气温37℃，骄阳似火。10时30分，李向群扛起一袋沙包奔向大堤，在距离大堤顶部不到1米的地方，倒了下去……

在李向群的病历中，人们发现"钩端螺旋体"的字样，这是一种易在水和湿土中存活的致命性微生物。当时，这种微生物已经严重侵蚀了李向群身体的多个器官。然而，在汹涌咆哮的洪水面前，李向群仅仅把它当成了感冒。

8月21日夜，李向群开始吐血，被紧急转往原广州军区武汉总医院。因极度劳累，导致心力衰竭，肺部大面积出血，8月22日上午10点多，李向群永远地闭上了眼睛。"一个人的能力有大小，但只要为人民勇于牺牲奉献，就是一个有价值的革命军人。"李向群用生命证明了自己的价值。

无数"李向群"不断续写传奇

1998年8月28日，南平镇。迎着细雨，3万人为英雄李向群送行。这是南平镇有史以来最隆重的葬礼。李向群的骨灰，一部分被安葬在公安县烈士陵园，守望着荆江大堤，一部分带回南渡江边，陪伴在家人身边，最后一部分，被撒进

▲ 李向群的父亲李德清（左二）扛起沙包，继续完成儿子的任务

滚滚长江之中。

　　得知儿子已经"火线"入党的消息，李德清替儿子交了第一笔，也是最后一笔党费，并把2万元的慰问金全部捐给了灾区。面对儿子的离去，这位英雄的父亲向组织提出的唯一要求，是代替儿子扛沙袋，抗洪救灾，完成儿子的使命。

　　1999年3月，中央军委授予李向群"新时期英雄战士"荣誉称号。江泽民称赞李向群"用生命谱写了壮丽的人生凯歌"，并于1999年12月亲笔题词："努力培养和造就更多李向群式的英雄战士。"

　　李向群的名字迅速传遍了大江南北。李向群中学、李向群邮局、李向群爱心基金，以战士李向群名字命名的团体组织如雨后春笋般出现。

真正的英雄就是在平时全心全意为人民服务，在关键时刻为了党和人民的利益勇于奋斗和牺牲！8天党龄，20个月军龄，20岁韶华，成为李向群留给人们的最终记忆。李向群用短暂的青春，谱写了一曲新时期青年军人的壮丽人生之歌，实现了他报效祖国、服务人民的崇高理想。

在人们的心里，李向群始终都没有走，他永远陪伴着人们共同成长，无数"李向群"不断续写传奇！

李向琛是李向群二叔的儿子，李向群牺牲时，他只有7岁。从小学到初中，他一直因自己的哥哥是李向群而自豪。初中毕业后，他追随哥哥的脚步到部队当兵，被分到了"李向群班"，还被特意安排在了哥哥铺位的上铺。在部队，他曾因长跑屡次不及格而大哭一场。为了不给哥哥丢脸，他拼命训练，当兵5年间，他2次被评为优秀士兵，一次荣立三等功，并担任了"李向群班"第10任班长。退伍后，他成立了"李向群助学基金会"。在这个过程中，李向琛遇到了越来越多的"李向群"。他们中有大学教师，有普通公务员，有个体从业者，也有年轻的士兵。他们奉献爱心，扶贫济困，他们立足岗位，默默坚守，他们顽强拼搏，勇争第一。如今，"李向群基金会"资助的学生中已有两人考上大学。

在"李向群连"，至今仍保持着这样的传统：每天要到

▲ 李向群（右）入伍后在驻地和父亲李德清的合影

"向群铺"上坐一坐，每周要到李向群像前站一站，每月要到荣誉室里看一看。每年新兵下连，战士们还要叠李向群的被子，擦李向群的雕像，听李向群的故事。

2016年9月，参观完李向群纪念馆，触摸过李向群生前所睡床铺，来自李向群家乡海南琼海籍的新战士何君贤，满怀深情地在日记中写道："向群兄，入伍前就知道您的故事，今天想不到竟和您同在一个部队，作为老乡，我一定要像您一样当个好兵，争做能打胜仗的英雄战士！"

"李向群连"指导员李海说："……去年（2017年）我们连队有二等功臣邓锋，今年（2018年）我们连队战士龚晨志，在参加'空突尖兵'比武过程中获得了陆军的第一名。

正是这种活生生的例子，来指引我们连队的战士。这就是李向群精神的传承。"

"家富不忘报国，矢志不渝为民"的李向群精神，早已融入官兵们的血脉。成为李向群式的英雄战士，是一代代"李向群传人"始终不变的追求。

"李向群！""到！"在李向群生前所在的解放军第75集团军某旅3营9连，每当呼点李向群的名字时，所有的官兵一齐答"到"。李向群的名字穿越时空，依然激荡着人们的心。

杨业功

「导弹司令」

1963年，他从湖北省应征入伍，之后从一名普通士兵一步步成长为将军。在41年的军旅生涯中，他把每一分炽热都献给了他所热爱的军营，献给了他所追求的导弹事业。十年间，他参与组建了我军第一支新型导弹部队，建立了我军第一个新型导弹作战运行流程，成功指挥了我军首次新型导弹发射，构建了我军第一个新型导弹阵地……他生前筹建的导弹旅一路负重前行，2016年成功发射了第100枚导弹，还开了夜暗连续突击、整旅整营发射和集群突击等先河。在全军作战能力集中检验评估中，全旅官兵以全优的成绩通过了这个战斗力建设的全面大考。"导弹司令"杨业功，用自己的一生践行了这样一个诺言："一个战士就是倒下，也要以战斗者的姿势倒下。"

呕心沥血磨砺"倚天剑"

▲ "导弹司令"杨业功

1991年，时任第二炮兵某部副参谋长的杨业功，奉命参与筹建我军第一支新型导弹部队。

这是一项崭新的事业。杨业功率领部队要在一张白纸上描绘新型导弹部队的蓝图，以一种现代战争的军事理念，打造中国战略导弹部队的精锐之师。他深知肩上的担子重若千钧，容不得自己失败。

部队组建之初，经费紧缺，没有装备，又缺乏人才。带着从基地数千官兵中挑出的11名技术尖子，杨业功开始了攻坚战——

组织部队进厂跟踪新武器生产，学习操作和指挥技能，以超常举措培训"酵母"人才；组织编写指挥程序、教材，超前探索模拟训练、仿真训练及心理训练方法；快速组织作战阵地使用检验和战场资源调查，加紧作战阵地建设；大胆摸索具有新型导弹部队特点的管理和训练模式……

那些年，杨业功每年都有100多天跋涉在大山深处。每天上下车百余次，即便装上了心脏起搏器，也依然每天工作十多个小时。连续的劳累让他体力不支，甚至没有力气上车，常常需要别人帮忙抬起不听使唤的双腿。

在杨业功的日历表里，几乎没有节假日。"他的时间不是以小时来计算，而是以分钟来计算。"机关的同志算了一笔账：以杨业功的工作效率和时间合计，他每年完成的工作量几乎达到正常情况下的两倍。

"我们有幸承担重任，绝不能让党和人民失望。要完成艰巨的任务，只能靠艰苦奋斗。"时任某基地导弹旅旅长的周亚宁，对杨业功这句饱含强烈使命感和责任感的话记忆颇深。

因为常年到一线勘察，杨业功对作战区域内的阵地熟记于心。一次，他到部队检查工作，听作训参谋指着地图上路南边的阵地做讲解，立即指出阵地的位置不对。在场的人很吃惊，急忙拿出原始资料核对，发现果真是地图标注错了。

1995年，部队奉命执行一项重大军事行动。这是这支新型导弹部队组建以来首次公开亮相。前线指挥的重任又一次落到杨业功的肩上。

面对"一无作战经验，二无发射阵地"的严峻现实，杨业功白天实地勘察，晚上图上作业，研究施工方案。凭着一股拼命劲儿，他带领部队在短短7天内，完成了平时需要30天才能抢修出的发射场坪。

▲ 杨业功（站立者，左一）在国庆50周年阅兵式上

考验接踵而来，一枚导弹临近发射时出现故障。中断发射，后果难以想象。关键时刻，杨业功凭着过硬的技术和胆识果断拍板，指挥官兵迅速排除故障……

入夜，东海某海域。一枚新型导弹呼啸着划破夜空，准确命中海上目标。测控数据传来，发射阵地群情振奋。1995年夏，我军新型导弹部队以这种方式首次公开亮相。国际军事界为之震动："这意味着一个令人生畏的重大突破。"

2004年春节，正值部队执行一项重大任务。大年初六，杨业功不顾劝阻坚持参加常委会，听取有关工作汇报，并主持制定作战方案。从2楼到4楼只有40多个台阶，杨业功走得非常艰难，他大口喘气，直冒虚汗。就在两个多月前，2003年11月，他被查出患十二指肠腺瘤癌变。

杨业功经常说，"只有在和平时期把训练推进到极限，战时才能应付自如"。2017年夏日的一个凌晨，暴雨过后的南国大山，幽静的山谷漆黑一片，火箭军某导弹旅正在起竖一枚导弹。"像这样的演练，一晚上至少要搞3个波次，到早晨5点多才能结束。"时任发射4营营长的陈晓剑说。牢记老司令员杨业功的要求，该导弹旅保持着时刻准备亮剑的战斗姿态。

"杨业功的军旅生涯，不是享受和平，而是一丝不苟、呕心沥血为未来战争做准备。""他磨砺了长剑，也在人民群众心中撑起了安全伞。"

瞄准世界一流抓战力

1999年6月，杨业功走上基地司令员的岗位，又一个艰巨的使命落在了他的身上。在交接仪式上，他坦诚地向大家说出了自己的一喜一忧：喜的是，部队地位特殊，任务特殊，是为国家和军队做贡献的大舞台，搞得好是非常光荣的事情；忧的是，本人素质上有很大差距，搞得不好就会愧对祖国和人民，成为千古罪人！

作为共和国高级军事指挥员，杨业功思考的是，把自己的部队锻造成保卫祖国安全、捍卫祖国和平的坚强盾牌。他告诫部队："只有从全局高度确立打赢标准，瞄准世界一流抓战斗力建设，才能成为党和人民可信赖的铁拳头。"

为了赶上世界一流，杨业功带头学成了"导弹通"。杨业功没上过大学，是从普通士兵成长起来的。但是，他几十年勤学不辍，看了大量有关导弹技术、现代战争、指挥艺术、战争筹划方面的书，写了上百万字的心得。

凭借坚实的理论和实践基础，杨业功成为一名既懂指挥又懂技术，既通装备又通操作的"指技合一"型高级指挥员。他研究出了新型导弹部队机动作战等基本战法；他创造了部队作战综合数据库、自动化指挥程序、作战方案代码等一批信息化建设成果；他建立起几乎涵盖导弹相关所有专业有近万道题目的试题库，每年都要组织考核和比武竞赛……

▲国庆50周年前夕，杨业功组织官兵训练

为了赶上世界一流，杨业功紧盯世界军事前沿锤炼部队。每当国际上爆发军事冲突，杨业功都要立刻提醒官兵们密切关注，组织大家研讨战争中导弹运用的事例，吸收借鉴先进战法，寻找应对措施。

杨业功还把世界主要军事强国导弹部队的相关情况整理出来，列出几百项"先进指标"，让大家经常琢磨，谋求超越之道。官兵们说，虽然部队没有参加过实战，但每天都生活在实战氛围中。

按照"世界一流"的标准，杨业功引导官兵确立起"三个服从"（服从武器装备最高性能、服从应急作战最高要求、服从长期备战最严标准）、"四个有利于"（有利于快反作战、有利于不间断指挥、有利于战场生存、有利于首战制胜）的观念，使战场12个要素的建设水平不断提高。

为了赶上世界一流，杨业功不怕风险。2000年，基地某旅确立了全系统、全要素、全员额、全程序、全装备训练的目标。这在二炮部队还是头一次。不少人忧心忡忡。因为训练动用装备越多，风险就越大。压力面前，杨业功第一个表态："我支持。出了问题我负责！"

由于缺乏经验，第一次按"五全"标准训练，就出了意外：夜间紧急出动时，一辆装备车因路基过软发生侧倾，差点酿成事故。

杨业功没有责备部队。他亲自组织，深入调查，带领官兵对训练细节进行严格推敲，精心筹划和实施每个环节，终于圆满完成各课目训练。

导弹昂贵，发射成本高，国外军队一般以电脑模拟组织训练。实际上，由于与野外训练的感受大不相同，真正的战斗气氛在模拟训练中难以实现。于是，杨业功带着技术骨干研制成功"缩小比例模拟弹"，并且亲自编写了相应的操作规程，使部队能以极低廉的成本进行发射练习，破解了一道世界性难题。

在此基础上，杨业功又大胆创新，组织部队圆满完成了二炮历史上第一枚常规导弹的发射及弹体回收任务。

杨业功经常说，"我们这支部队的发展完全是裂变式的发展，是超强度、跨越式的发展，要'建有建法，训有训法，战有战法'，每个环节都是新的，每个环节都不能马虎"。

恩格斯说过："每个在战争史上因采用新的办法而创造了新纪元的伟大将领，不是新的物质手段的发明者，便是以正确的方法运用他以前所发明的新手段的第一人。"新军事变革，必将造就"第一人"，"第一人"，只能从做好"第一个"开始。

"三实"之中谋制胜之道

官兵们都知道，杨业功在工作中有个规定，回答问题不允许说"差不多"。

这是一次平常的训练。某单位的导弹发射车"对号入座"地进入上次训练位置，现场指挥员以目测方式确定了前方定位线。

现场的杨业功发现了这个问题，问道："测试精确吗？""差不多。"指挥员回答。"差不多是差多少？重测！"杨业功把部队集合起来，当场进行逐项检测，并运用数学模型计算了远程打击结果：原本高精度的新型导弹，竟然打到了毫无意义的地点。官兵们为之震动。

"科学的东西来不得半点虚假，高技术部队更要有特别严谨的求实态度。否则，会给战争胜利造成不可估量的危害。"杨业功语重心长地教导。从此，训练按战时标准测

▲杨业功在国防大学学习时进行图标作业训练

定方位线，被作为"法规"写入了专业教程，沿用至今。

求胜先求实。"什么是真正的制胜之道？务实、求实、落实！"这是杨业功反复强调的，他尤其看重落实。

在杨业功看来，精细促落实。每次接收重要装备，他都带着技术骨干亲自点验。与装备有关的一个纸片，一个不起眼的螺丝钉，一个细小的标识，都必须弄清楚。在汇总数据时发现任何误差，都要亲自核对明白。

2002年8月，杨业功在一个单位参加某项工程的验收调试，发现直接关系导弹命中精度的基座有问题。经过精确测定，误差值在允许范围内，但杨业功坚决要求打掉重建。有人说这个基座是个预备项目，一般情况下用不上，这点小误差没多大关系。杨业功一听就火了："你知不知道什么叫导弹？知不知道什么叫差之毫厘，失之千里？知不知道战争中没有一般情况？"这一连串的反问，让大家一下子醒悟过来。

熟悉杨业功的人都知道，他不喜欢坐下来听汇报，更愿意"眼见为实"。1997年11月，杨业功到部队检查光缆铺设工作。听完汇报后，他仍不放心，又来到现场，找来竹竿标好尺度，然后就趴在沟沿上一处一处地测量沟深是否达标。

为选择两个阵地点位，杨业功多次徒步翻山越岭数十公里，实地审查备选阵地的各项条件。一次，中途遭遇倾盆大雨，一脚踩滑，他差点掉下山谷。同志们看他两条腿都划伤了，建议他原地休息，让其他同志代为考察，但杨业功坚持带领大家完成了全部实地勘察任务。

这种亲力亲为和严谨求实的态度，对部队官兵产生了潜移默化的影响。今天，在基地某导弹旅，即使是自己组织的年中考核，也自我加压，精心设置难局、危局和险局，采取多个营考一个营的方式，逐个发射单元、逐个发射号手地找问题、找短板，直到解决所有问题才收兵。

"少说空话，多想办法，多干实事，多出成绩！"这是杨业功的口头禅。

现代军人要有指挥现代化战争的能力，就必须有丰厚的知识储备。杨业功深知，要进行学习的革命，就要对自己的素质能力不断"升级换代"。

1997年，杨业功被派往国防大学深造。他十分珍惜这次难得的充电机会，如饥似渴地学习高科技知识，研究各军兵种作战理论，整理出资料几十万字，节假日几乎都是在图书馆度过，只用一年时间便完成军事指挥员的知识升级。

2002年，57岁的杨业功参加了军事科学院的在职研究生学习。他不管工作多忙多累，学习任务一项不落，就算后两年重病在身，他仍以惊人的毅力修完全部课程，躺在病床上完成了《建立联合作战指挥机构应把握的问题》的毕业论文。

杨业功生前有一笔"时间账"：每天挤出4小时用来学习，

节假日抽出一半时间来读书，一年用于学习的时间就有2000小时左右，共计83天。

2005年1月6日，在杨业功去世6个月后，军事科学院向杨业功颁发了研究生课程进修班结业证书，以此表达对这位学员的最高敬意。

坚守廉洁的气节阵地

"从来败军多骄奢，自古为将廉生威。"杨业功一生坚守"两个阵地"：一个是为国仗剑的导弹阵地，一个是清正廉洁的气节阵地。他说，平时不能廉洁自律，战时怎能身先士卒？平时不能秉公用权，战时如何指挥千军万马？

坐落在安徽省黄山市的杨业功纪念馆落成于2012年8月。走进纪念馆，最让人震撼的，莫过于那座等比例复原的将军旧居：门楣上是杨业功手书的"携礼莫入"4个大字，将军夫妇睡的是几十年前用4个大木箱拼成的

▲杨业功（左二）率领部队清理淤泥

双人床，餐桌、衣柜全是自制的。一只搪瓷碗，杨业功从排长用到将军，从地摊上花60元钱买的夹克衫一穿就是多年，用旧乒乓球拍和拐杖制成的升降台灯陪伴他走完人生旅程……这样的家引得参观者一遍遍地询问，这真是将军的家吗？

一次，一名基层干部得知杨业功喜爱书法，就专门给他送来了一些优质宣纸。没想到还未进门，就被杨业功一口回绝。杨业功说，共产党员的党性绝不能在一张宣纸上失守。从那以后，就再也没有任何人可以提着礼物走进他的家。

杨业功从当旅长开始就给家人"约法三章"：不许干预他的工作，不许享受任何特权，不许收受任何钱财和好处。

1998年，杨业功的父亲患白内障住进基地医院，院领导提出免除治疗费用，杨业功坚持让家人全额交清4200元治疗费，并让妻子当场撕掉发票。2004年，杨业功在南京军区总医院治疗期间，基地在南京的招待所经常熬点汤给他送去，出院时，他专门拿出2000元钱交给所长。

军大衣、水壶和方便面，是杨业功生前下部队时经常随身携带的"三件宝"。他说，衣能御寒，水能解渴，面能充饥，出差下部队，有这3样就不会耽误事了。

杨业功常说："我们还有很多事情要做，不要把时间和金钱浪费在吃住一类的事上。"他外出开会或下部队，吃饭有碗面条就行，为了赶时间，乘火车坐硬座也要走，住宿更不讲究，经常为了省钱把大房间换成小房间。

在生命垂危的时刻，杨业功没有向家人交代什么，他全部的牵挂和向往始终都是阵地和战备。"一二一……出发……"2004年7月2日，昏迷中的杨业功喊着口令，走完了他59岁的人生旅程。

在基地设置的告别灵堂里，一名战士送来的挽联上写着："你把忠魂留在了阵地，你把忠诚留给了祖国，你永远是我们心中的英雄！"

2006年1月9日，经中央军委批准，统一印制杨业功画像下发全军。继张思德、董存瑞、黄继光、邱少云、雷锋、苏宁、李向群之后，杨业功成为在全军悬挂画像的第八位英模。

2015年9月3日，在天安门广场，由杨业功生前所在部队组成的常规导弹第一方队，威风凛凛地通过天安门，全场观众报以热烈的掌声。

"牢记我军宗旨，坚决听党指挥。一声令下，万箭齐发；断然出手，决战决胜……"杨业功为部队写的这首军歌，今天还在官兵中传唱。

《感动中国》2005年度人物组委会将这样的颁奖词授予杨业功："铸就长缨锐旅，锻造导弹雄师。他用尺子丈量自己的工作，用读秒计算自己的生命。未曾请缨提旅，已是鞠躬尽瘁。天下虽安，忘战必危，他是中国军人一面不倒的旗帜！"

林俊德

一生为国铸核盾

　　他是一名科学家，一名院士，一名将军。他52年扎根罗布泊，参与了中国全部的45次核试验，把一生都献给了"两弹一星"的伟业。他活了74年，一直默默无闻，没有多少人知道他的名字。他为国防科研事业战斗至最后一息的照片，感动了整个中国。从此，人们知道了他——林俊德。

在生命倒计时的9天里

2012年5月31日20时15分，西安唐都医院。一群见惯了生离死别的医护人员，跪在一位刚刚离世的老人床前，泪洒衣襟。护士们默默地为老人擦洗身体，整理遗容，换上他钟爱一生的军装……林俊德，这位让罗布泊发出45次巨大轰鸣的将军，永远地闭上了眼睛！

27天前，在中国人民解放军总医院，林俊德被确诊为胆管癌晚期。手术可能会延长生命，但或许再不能工作了。明白这一点的林俊德，坚决拒绝手术。为便于开展工作，5月23日，他从解放军总医院转入西安唐都医院。他诚恳地对医生说："我是搞科学的，最相信科学。你们告诉我还有多少时间，我好安排工作。"

"你们告诉我还有多少时间，我好安排工作。"这是生命最后几天里，林俊德说得最多的话。

戴着氧气面罩，身上最多时插着输液管、导流

▲病床上坚持工作的林俊德

管、减压管等十多根管子，对着笔记本电脑，一下一下地挪动着鼠标……这是生命最后几天里，林俊德铭刻在人们脑海中的一幕。

对他来说，时间太有限了。他要整理电脑里的资料，这些资料涉及国家核心技术，藏在几万个文件中，只有他清楚；他要把以往那些零零散散的科研思考，形成系统化的方案；他要召集课题组成员，交代后续科研任务；他要批改学生论文，有两名博士生即将进行论文答辩……

同事、学生、朋友、亲人来医院看望他，他说，"我没有时间了，看望我一分钟就够了，其他事问我老伴吧"。他让老伴在医院附近找了一间房子，专门用作接待，即便从闽南山区远道而来的亲人也是看他一眼就走。

入院3天后，病情突然恶化的林俊德被送入重症监护室。醒来后，知道生命留给自己的时间以日来计数后，他坚决要求搬出无法工作的重症监护室，转回普通病房。

5月29日，转回普通病房的林俊德出现完全肠梗阻，肚子充满胀气和腹水，心率每分钟达130次的情况。医生建议做肠梗阻手术，林俊德再次拒绝了："即使手术能延长几天，但不能工作就没有意义。你们不要勉强我，我的时间太有限了。"

5月30日下午，感到坐在病床上无法工作的林俊德，要求把办公桌搬进病房。工作期间，为了减少干扰，他两次要求拔掉胃管和引流管。他不断强调说："带着管子工作不在状态，我需要的是时间和效率。"

5月31日，林俊德病情再度恶化，生命进入倒计时。此时，他已极度虚弱，胀气和腹水使膈肌上抬，导致呼吸困难。然而，承受这样痛苦的林俊德，先后9次向家人和医护人员提出要下床工作。

家人实在不忍心他最后的愿望不被满足，只好答应。办公桌离病床只有几步，但对于已经不能站立的林俊德来说，这几步成了艰难的征程。在大家的搀扶下，他一点一点往前挪，终于勉强坐在椅子上。

病房里人很多，但没人说话，只有他按击鼠标的声音……他的手开始颤抖得握不住鼠标，眼睛也渐渐看不清东西，他几次问女儿：我的眼镜在哪儿？女儿说：眼镜戴着呢……

而接下来林俊德与家人的对话，让在场的人掩面啜泣。已经工作了两个多小时的林俊德，颤抖地对女儿说，"C盘弄完了"，女儿赶紧为他处理接下来的工作。看着林俊德大口地喘气，老伴黄建琴凑近他说："医生想叫你休息一会儿。"林俊德说："坐着休息。""你要坐着休息？""我不能躺下，躺下就……""坐着比躺着好啊？""对，躺下就起不来了。"……

"他的每一个动作，每一次喘息，都牵动着我们的神经，生怕某一个瞬间他会突然倒下。"唐都医院的医生张利华说。从医30多年，从没有哪一位病人，如此令他和他的同事揪心、感动。

当天上午，在连续工作了几个小时后，林俊德实在撑不住了，终于答应休息一下。在医护人员的搀扶下，他回到了病床……

他太累了，实在太累了，累得已睁不开眼睛。这是林俊德生前最后的影像：他大口喘着气，眼神黯淡下来。这一次躺下后，他再也没能起来……

"很难想象他当时忍受着什么样的疼痛……那时，他已腹胀如鼓，严重缺氧，呼吸和心跳达到平常的两倍，比我们一般人跑完百米冲刺还累。"西安唐都医院护士长安丽君说。即便这样，他从没因疼痛在人前发出一声呻吟，他会微笑着对护士说，"不用担心，我工作起来感觉不到疼"。

他心里牵挂的始终是工作。2012年春节刚过，一封关于基地建设发展的长信，摆在了基地司令员的办公桌上。林俊德的这些建议，直接关系着我国国防科技和武器装备建设的长远发展，事关重大。直到基地决定对他提出的建议进行研究时，他紧绷的脸才露出笑容。

"我是共产党和中国人民培养成长的，我要对得起他们。"正是这样一颗赤子之心，支撑着林俊德创造一个个科研和生命奇迹。作为一名老兵，直到生命最后一息，他始终保持着冲锋的姿态。

在我国45次核试验背后

茫茫的戈壁大漠，有一种常见的花，不管扎根的土地多贫瘠，不管是否黄沙漫天，它始终如蓝蝴蝶般轻盈绽放，柔弱却坚强。那是马兰。

如同马兰一样，坐落在大漠戈壁中的马兰核试验基地，同样是一个奇迹般的存在：自1958年组建以来，我国在这里成功进行了45次原子弹、氢弹、导弹核武器试验。一次次惊天动地的辉煌，铸造了共和国的和平盾牌，也为我国成为有重要影响的大国奠定了基础。

1964年10月16日15时，罗布泊一声巨响，蘑菇云腾空而起。很多人感动于这样一个画面——科研人员纷纷跳出掩体，将帽子抛到空中，相拥而庆。然而，另一个场景鲜为人知却更加令人感动——当蘑菇云还在不断向上翻滚时，穿着防护服的科研人员，无所畏惧地向烟云开进，搜寻记录此次爆炸数据的设备。在那些义无反顾的身影中，就有林俊德。

我国第一颗原子弹爆炸成功，现场总指挥张爱萍向周恩来总理报告，总理谨慎地问："怎么证明是核爆炸？"顿时，现场指挥帐篷里一片肃静。要知道，法国第一次核试验没拿到任何数据，美国、英国、苏联第一次核试验，只拿到很少的数据。

就在这时，核武器试验研究所所长程开甲带着林俊德匆匆赶到："冲击波的数据已拿到，这次爆炸是核爆炸。爆炸当量为2万吨。"张爱萍激动地拍了拍林俊德满是尘土的肩膀说：你们立了大功。

让全世界难以置信的是，为证明是核爆炸，用来收集重要数据的仪器，竟是林俊德用自行车轮胎和闹钟做成的自主高科技产品！

1963年5月，25岁的林俊德受命担任首颗原子弹冲击波机测仪器研制小组组长。

当时，这个小组算上他自己，总共就3个人！更严峻的现实情况是，没有相关实验设备，也没有技术资料，甚至连冲击波机测仪器是什么样都一无所知。他们只能根据当时美国、苏联少数解密核试验

▲林俊德把一辈子都献给了中国的核试验事业

资料和刊物上发表的常规武器试验测量文章埋头研究……

不用电池，如何解决仪器的驱动问题呢？日夜苦思冥想的林俊德，受到钟声的启发——何不试试用钟表的齿轮、发条作动力驱动呢？没有气瓶和空压机，就焊个贮气罐用打气筒往里打气；齿轮不够精密，就一个齿一个齿地人工锉……最终，这个采用发条驱动的"钟表式压力自记仪"，以抗核爆炸干扰能力强，轻便易携，测得的数据完整、准确，赢得专家的认可。

事关国家民族安危的国防尖端技术，必须靠自主创新。亲历第一次核爆炸后，林俊德感到肩上的责任重了起来："我突然意识到平凡工作的意义，认识到个人成败与国家荣辱的关系，意识到荣誉背后的艰辛和责任。"

1966年冬，我国将进行首次氢弹试验。这次试验方式由塔爆改为飞机空投，需要在高空对冲击波进行测量，因而必须解决自记仪高空防冻、高空定点、落地防震等一系列难题。林俊德接到任务后二话没说，立即投入研制工作中。

为了创造低温环境，林俊德和同事背着仪器，在海拔近3000米的山顶待了一宿。夜晚寒风刺骨，手脚都冻麻了，可是，距离试验需要的温度还差了好多。后来，他们采用高空气球放飞试验的办法解决了这个问题，赶在试验前研制出"高空压力自记仪"，为我国首次氢弹试验飞机投弹安全论证提供了科学依据。

　　此后，吃着玉米面和榆树叶蒸的窝头，喝着孔雀河令人肚子发胀的水，睡着冬冷夏热的地窖子，林俊德也从没中断过科研……

　　1980年10月16日的大气层核试验后，我国的核试验全面转入地下。相比地面和空中冲击波测量，地下核爆炸力学测量是一个新的难题。林俊德带着团队向地下核爆炸力学测量这个世界性难题发起新的冲锋！

　　20世纪90年代初，国际上开始全面禁止核试验条约的谈判。林俊德充分利用已有的地下核试验应力波测量技术，全面收集分析全球地震数据，开展了核试验地震、余震探测及其传播规律研究，取得了重要成果。

　　几十年艰苦攻关，林俊德和同事先后建立十余种测量系统，为中国的地下核试验安全论证和工程设计提供了宝贵数据。他还积极倡导核爆炸冲击波效应研究成果的应用转化，发明了声电报靶技术、声电落点定位技术，解决了大面积立靶自动检测的难题，研制的设备系统装备于我国多个军兵种的武器试验靶场。

▲林俊德（左一）与同事在核试验基地

　　1996年7月29日，中

国成功进行了最后一次地下核试验。当晚，中国政府郑重宣布：从1996年7月30日起，中国开始暂停核试验。

从1964年到1996年，32年来，中国进行了45次核试验便实现既定目标，而美国和苏联先后进行了上千次核试验。

在后来解密的视频中，林俊德激动地说：这是我们国家进行的一个伟大的事业，自己有幸在一辈子中，为这个工作做了一点微薄的贡献。

同样，共和国亦有幸，因为有了一个个林俊德，才铸就最坚实的核盾牌！

在隐姓埋名的52载军龄中

目录：

①计算机、保密柜清理

② ×××× 技术（国家机密）

③家人留言

④（空）

⑤马兰物品清理（宿舍、办公室）

从得知自己身患癌症的那天起，林俊德就在笔记本上写下他要做的事。然而，死神留给他的时间太少了，直到去世，

5条提纲的内容依旧没填满，家人留言这一栏完全是空白。

1938年，林俊德出生在福建省永春县的一个偏僻山村，因为家中贫穷，刚上完小学就辍学了。中华人民共和国成立后，在政府的资助下，他读完了初中、高中，1955年考上了浙江大学机械系。大学期间，他没回过一次家，读大学的费用全靠政府发放的助学金。从那时起，林俊德就暗下决心，学好本领，报效国家。

1960年，大学毕业的林俊德被分配到国防科委下属某研究所。报到的第二天，所领导向他交底：国家正在西北建设一个核试验场，把你挑过来，就是去那里工作。得知自己

▲工作中，林俊德每每做到亲力亲为

将从事核试验时，林俊德激动不已。

"他就像激光一样，方向性强，能量集中，单色性好。""他能52年坚守岗位，取得那么多重大科研成就，是因为他把全部的精力和时间都用在了工作上。"这是同事对林俊德的评价。

林俊德这样总结成功："成功的关键，一个是机遇，一个就是发狂……一旦抓住机遇，就要发狂地工作，所以效率特别高，不可能的事就可能了。"

即便已经70岁了，在林俊德的日程表里，搞研究、做实验、带学生，仍然占去他几乎所有的时间。他一年只休息3天：大年初一、初二、初三。

工作中，林俊德始终恪守一种异乎寻常的严谨。他研究爆炸力学，一辈子和炸药打交道。为了拿到第一手资料，每次总是尽可能地离炸药近一点。一次试验，等了好久炸药都没响，他用对讲机冲其他人大声喊："你们都不要动，我来弄。"边说边走向炸药放置点排除了险情。

林俊德的学生说，为了拿到第一手资料，老师常年奔波在实验一线，拍摄实验现象，记录实验数据。每做一次实验，他都建一个档案，就像病人的病历一样，几十年从未间断。谁需要资料、数据，都能在他那里很方便地找到。

林俊德有"三个不"：不是自己研究的领域不轻易发表意见，装点门面的学术活动坚决不参加，不利于学术研究的事情坚决不干。2005年，东北某大学邀请他当名誉教授。他说："我们研究领域虽然接近，可是距离太远，鞭长莫及的，我给不了什么指导，这挂名教授我还是别当了。"

他说话硬，讲原则：讨论会上该说就说，不管在座的官大官小；参加学术评审会，从来不收评审费，只要材料，不见人……

在妻子眼里，林俊德的做人原则始终停留在"两弹一星"的火红年代，任凭社会如何发展变化，他永远是那个忠诚、正直、坦率、单纯的人。

然而，林俊德的学生们说，老师是一个心里有爱的人。他戴了15年的手表，是大学母校百年校庆时送的纪念品。他带过的学生，都在他的电脑里有专属文件夹，他详细记录了每个学生的技术专长、培养计划和施教方案。住院期间，他让学生们将各自的文件夹复制走。

唐博士的博士论文，是林俊德在生命最后3天中批改完的。这份130页、8万多字的论文上，留下了林俊德338个颤抖的笔迹。这也是院士一生最后的手迹。他在5月的最后一天去世，他的学生6月通过了毕业答辩。

去世后，学生们收拾他的衣物时发现，除了军装，老师竟没有几件像样的便装，两件毛衣打着补丁，一个游泳帽用了19年，一个公文包用了20多年，一个铝盆补了又补……

林俊德心里始终有一个愧疚，因为工作太忙，没抓好女儿的学习，女儿没能够上大学。他对女儿说："你是我们的第一个孩子，我们没有教育孩子的经验，（你）是我们的实验品，你就多担待点吧。"然而，他带的23名学生，个个都成为各自领域的专家。

弥留之际，林俊德给妻子留下3句话：后事一切从简，不向组织提任何要求，把我埋在马兰。

参军52年来，林俊德获国家科技进步奖3项，国家技术发明奖2项，军队和部委级科技进步奖20余项，1999年他被特邀出席"两弹一星"突出贡献科技专家表彰大会，荣立一等功、二等功各1次，三等功2次……

"大漠、烽烟、马兰。平沙莽莽黄入天，英雄埋名五十年。剑河风急云片阔，将军金甲夜不脱。战士自有战士的告别，你永远不会倒下！"这是《感动中国》2012年度人物组委会授予林俊德的颁奖词。

"铿锵一生，苦干惊天动地事；淡泊一世，甘做隐姓埋名人。"创造了马兰精神、见惯了英雄的马兰人，以这样的挽联为林俊德送行。

张超
海天逐梦

从昼间向夜间、从单机向编队、从技术向战术……"辽宁"舰舰载战斗机实现了多项突破，一批批舰载战斗机飞行员和着舰指挥员通过了资质认证……遗憾的是，这一个个值得纪念的时刻，有着绝对实力的他缺席了。他是张超，海军某舰载航空兵部队一级飞行员。2016年4月27日，在执行飞行训练任务时，因飞机突发电传故障，不幸以身殉职，年仅29岁。张超是为我国航母舰载机事业牺牲的第一位英烈。说到航母，说到舰载机，有人会问，它们对一个国家意味着什么？对一个军人意味着什么？对一个飞行员意味着什么？张超用他的壮举，给出了回答。

我是不是再也飞不了了

2016年4月27日，是张超加入舰载航空兵部队的第90个飞行日。再有3个飞行日，他就完成训练任务，顺利上舰了。

舰，指的是我国第一艘航母"辽宁"舰。只有在航母上完成起降飞行训练，取得上舰资格认证，才能成为一名真正的航母舰载战斗机飞行员。现在，张超离自己的梦想只有一步之遥。

这一天，按照计划，张超和战友们要飞3个架次的低空、超低空训练。第2架次飞完，海面上起了雾，能见度越来越差，第3架次被调整为陆基模拟着舰训练。

起飞，拉升，转弯……按着舰的所有技术动作和要求触"舰"。加速，复飞……一个架次，飞行员们通常要重复6圈这样的飞行，每一圈被称作一个"进近"。

12时59分，张超驾驶117号歼-15飞机进入着"舰"航线。这是他飞行生涯中的第634个"进近"。

▲ 张超对即将上舰充满信心

"对中很好。""高度有点高。"无线电中传来着舰指挥员两条指令。指令少，说明着陆的偏差小。

117号战机后轮触地，前轮触地，滑行……这是当天飞行训练的最后一次降落。其他飞行员在休息室里说笑着，等着张超回来一起转场。一切看上去是那么正常而平静。

然而，战机刚刚滑行了两秒钟，无线电里突然传来语音报警："117电传故障，检查操纵故障信号！"电传故障，是歼-15飞机最高等级的故障，一旦发生，意味着飞机失去控制。

那一刻，是12时59分11.6秒。

塔台、着舰指挥工作站、飞行员休息室……所有人的心都揪了起来。随着报警声，战机的机头一下子抬了起来。在不到两秒钟里，机体与地面接近垂直！几乎同时，火箭弹射座椅穿破座舱盖，"砰"的一声射向空中……

那一刻，是12时59分16秒。

由于弹射高度太低，角度不好，主伞无法打开，座椅没有分离，从空中重重落在草地上……当人们听到声音看向外边时，飞机已经起火……

飞奔赶到的时任舰载航空兵部队部队长戴明盟、参谋长张叶，急忙给张超解开氧气面罩，摘下头盔，锯断伞绳。此刻，张超脸色发青，嘴角有血迹，表情十分痛苦，但仍有意识。随后，张超被紧急送往医院。

然而，两个多小时后，张超牺牲的噩耗传来。彩超检查显示，在巨大的撞击中，腹腔内脏击穿张超的膈肌，全部挤进了胸腔，心、肝、脾、肺严重受损。医生说，那么重的伤，能坚持到医院已经是奇迹。

"飞参记录表明，从战机报警到跳伞离机的4.4秒里，张超的动作是全力推杆到底。"戴明盟说。对于张超来说，他肯定知道歼-15飞机系统高度集成，发生电传故障，第一时间跳伞才是最佳选择。那奋力一推，是他意图制止机头上仰，避免战机损毁的最后努力。4.4秒，对于飞行员来说，张超已经做到了极限的处理。

在去医院的路上，张超断断续续地对张叶说："我是不是要死了，再也飞不了了。"没想到这竟是张超生前说的最后一句话，这最后一句话，他想的竟还是飞行。

要飞就要飞最好的飞机

"我就是冲着王伟来的。"至今，战友们仍记着张超这句豪气冲天的话。

2009年7月，经过航校和飞行训练基地的严苛训练，以优异成绩毕业的张超，毅然选择了"海空卫士"王伟生前所在部队——南海舰队航空兵某团。

其实，早在8年前，张超就已立下成为一名"海空卫士"的志向。2001年4月，在"中美撞机事件"中，王伟的英雄壮举震撼着读初中的张超。在为英雄叫好的同时，他暗下决心：一定要当一名像王伟一样的飞行员！

与英雄"同行"，英雄的精神激励着张超在祖国需要时挺身而出。2014年5月，中国海军向西沙永兴岛派驻新型三代战机，这是该型战机的首次前沿部署。那一天，一架外军飞机抵近侦察，张超奉命战斗起飞。他寸步不让，与外军飞机斗智斗勇，成功将其驱离。数十次驱离外军飞机，次次都出色地完成任务，南海碧波见证了这名年轻飞行员的凌云壮志："飞行不仅是勇敢者的事业，更是我的使命所系，价值所在！"

2012年11月23日，万众瞩目中，戴明盟驾驶歼－15成功降落"辽宁"舰，实现了我国固定翼飞机由陆基向海基的历史性突破。随着航母事业的发展，急需在三代机部队中遴选舰载战斗机飞行员。

张超的心再次泛起涟漪。他很想去试试，可是周围的人都不赞成。妻子问他，"我为你特招到了部队，一家人刚团聚，过得好好的，为什么要分开？"父亲劝他，"我们在电视上看过，航母上飞比陆地要难得多，也危险得多"。团领导找他谈，"团里已经上报拟提升你为副大队长，为什么不留下？"

　　然而，远方的梦想在召唤，胸中的激情在燃烧。张超第一个递交了申请表。回想当时和张超的谈话，戴明盟说，"他那种期盼甚至带点乞求的眼神令我感动"。战友聂元闯仍记得张超的坚决，"……当时他跟我说一句话，我要飞就飞最好的飞机，要飞就飞到最好"。

　　2015年3月，张超成为中国海军最年轻的舰载战斗机飞行员。然而，从陆基到舰基，可不是简单的一字之差，意味着一切归零。

　　张超是海军超常规培养的两名舰载战斗机飞行员之一。相对于同班的飞行员2013年就开始学习训练，张超要在一年内赶上战友们两年多的训练量。

▲张超（中）与战友交流飞行问题

"如果他能做到，说明新的训练方案是可行的，将大大加快人民海军航母舰载战斗机飞行员培训进程。"戴明盟说。

与陆基飞行相比，舰载飞行面临的最大难题是，着舰有效区域仅长36米、宽25米，必须把战机着陆误差控制在前后不超过12米、左右不超过2米，才能使飞机尾钩顺利挂住阻拦索，实现安全着舰。

为了赶上进度，张超开始了超常规的训练。周末和休息时间，他把自己"绑"在模拟器上训练，他的模拟器飞行时间超过大纲规定近3倍。就连睡觉，室友都常听他念叨上舰飞行口诀。

陆基模拟着舰训练中期，张超的技术状态时好时坏。为突破技术瓶颈，每飞完一个架次，他都会向教员请教自己飞行中存在的问题；每个飞行日讲评，他总是第一个请着舰指挥官分析自己动作的偏差，不搞懂绝不罢休。

在教员卢朝辉看来，一条条漂亮的油门曲线记录了张超的辛勤付出。舰载飞行要求对飞机油门的操控极为精确，哪怕油门杆位置出现1毫米的偏差，都可能达不到着舰的要求。同时，对飞机迎角的精准性的要求也极为苛刻，通常讲这个偏差必须控制在5%以内，哪怕是手腕稍稍一抖，都可能出现重大失误。在完成这些精密操作的同时，飞行员还必须将足够的精力放到对舰面的观察上。这要求飞行员对飞机操纵杆、油门杆的操控达到炉火纯青的地步。

查看张超的飞参记录，尽管进入时间晚，但飞参显示的各种曲线与同期的其他几名飞行员相比，丝毫不落下风，在不少架次上还显出更高的水平。

伴随着"飞鲨"的阵阵轰鸣，进入舰载战斗机部队6个月时，张超追平了训练进度。10个月时，张超第一次驾驶歼-15飞机飞上蓝天。在舰载航空兵部队战斗的411天里，张超起降数量是其他部队战斗机飞行员年均水平的5倍以上。2016年4月27日以前，他已经完成了上舰前93.24%的飞行架次，成绩全部优等。

"他的技术状态非常稳定，上舰指日可待。"战友们都这样说。

把最好的飞机飞得最好

"挑战最好的飞机，把最好的飞机飞得最好。"这样的理念时刻激励着张超。

要把最好的飞机飞好，必须了解飞机。2013年12月，张超成为南海舰队航空兵某团第二批三代战机改装新飞行员。为尽快熟悉新飞机操纵原理，他一头"钻"进资料堆，把有用的相关飞机的数据、符号记到小本子上，走到哪儿背到哪儿，上百个开关、电门、设备一天坚持画五六遍。功夫不负有心人。最终，座舱内100多个开关、电门、按键、旋钮烂熟于胸，张超做到"一问明""一摸准"。

每个月，团里都会安排一次由空、地勤人员联合参加的飞机维护。除非执行任务，否则张超从不缺席。利用对战机擦拭保养的间隙，他虚心向机务请教飞机原理构造和故障排除方法，以便更透彻地了解飞机。

在南海舰队航空兵某团5年多时间，张超不仅向机组及时反馈了十余个飞行中遇到的故障隐患，而且在地面检查维护时也多次发现飞机异常情况，协助地勤人员保障了飞机安全。

2012年1月9日，海南某机场，刚完成某型歼击机改装的张超参加跨昼夜飞行训练，科目是仪表综合飞行。19时41分，起飞7分钟后，张超突然发现，液压指示不正常，已降至最低正常数据以下，并有继续下降的趋势。"助力液压下降！"他当即向塔台报告。几分钟后，液压指示再次下降，已降至比较危险的程度。对张超当时所飞的飞机来讲，液压一旦失灵，将造成飞机操纵失控，后果不堪设想。接到张超的连续报告后，塔台的气氛顿时紧张起来，大家都替张超这个新学员捏了把汗。然而，此刻的张超异常冷静。在接到塔台要求返航的指令后，他果断平稳转向180度，快速检查起落架收放装置，在短时间内就干脆利落地完成了一系列应急处置操作。最终，在地面指挥引导下，张超稳妥地控制住了飞机。19时58分，张超驾机安全着陆。

▲ 张超生前进行手枪射击训练留影

一次起降训练，张超驾机升空不久便发现，尽管各项仪表指示都很正常，但在同样的速度下，飞机比以往飞得有些吃力。在飞机降落后，准备第二个架次时，张超及时向地勤保障机组反馈了情况。根据张超的描述，机组人员对飞机双发动机进行了全面仔细的检查。果然，检查人员发现左发动机燃油系统某部件出现故障，致使燃油燃烧不充分，飞机实际速度一直无法提升。事后，大家都说，如果不是张超对飞机了解得透彻，隐秘的故障一时半会儿很难被发现，却容易导致飞机性能下降，甚至出现空中单发停车的严重隐患。

正是因为把飞机摸得很透，张超每个架次都在追求完美，每次升空都是自我超越。

训练之外，张超善于总结。他把自己改装的经验体会写成论文，发表在团里《尾钩》舰载飞行杂志上，为后续改装的舰载机飞行员提供借鉴。这期杂志也被全团每名飞行员珍藏。

距离驾驶"飞鲨"上舰的梦想越来越近了，从2016年4月初开始，张超在紧张的飞行训练之余，把全部精力都用在整理经验、收集资料、编写教范上。他用了20多天时间，整理出视频资料200余份、心得体会两万余字，其中包括一份歼-15飞机实际使用武器的教学法。整理资料期间，不清楚、不确定的地方，张超打电话回老部队反复核实。这套教学法成了张超为航母部队战斗力生成贡献的最后一份力量。

翻阅张超的飞行档案，12年的飞行生涯，他先后飞过8型战机！循着张超的航迹，人们看到的是一个个第一：改装二代机，第一个放单飞；改装三代机比计划提前4个月完成，同期第一个放单飞；舰载战斗机飞行员选拔考核，成绩名列第一……这一个个第一，留下的是张超对他钟爱的飞行事业拼尽全力的执着。

兄弟，我们带着你上舰

张超走了，带着深深的遗憾。再有半个月就要着舰飞行了，这一直是他最大的心愿。

无数次，妻子张亚在心里憧憬这样的场景——张超驾驶"飞鲨"成功落在"辽宁"舰上，凯旋之际，他手捧鲜花走向她……这，曾是张超和她的约定。

就在牺牲前几天，张超给张亚发了一首歌《我从甲板起飞》。他跟张亚说："看起来感觉特别棒"……张亚说，"有时梦到他在哭，蹲下在那儿哭，说'怎么可能，不可能，我还没有上舰……'"

1986年8月，张超出生在湖南岳阳的一个农民家庭。大舅当过20年兵，从小听舅舅讲战斗故事，张超的胸膛里早就激荡着一股英雄气。2003年9月，空军到张超就读的岳阳七中招飞行学员，读高二的张超欣喜若狂。

尽管参军的决心已定，但想要通过招飞考试可不是件轻松的事。首先是体能。虽说张超一直爱运动，身体素质不错，但离飞行员的体能要求还有不小的差距。为了提高体能，张超和其他报考的同学将沙袋绑在腿上跑步，别的同学坚持一周就纷纷放弃了，唯有张超天天将沙袋绑在腿上，坚持了大半年，直到体能达标。

2004年，张超经过重重考核，终于如愿以偿地通过了招飞体检。然而，横亘在他面前的还有一道关：高考。

飞行员对文化课成绩要求比较高。对张超而言，这道关甚至比体检更难以逾越。张超的文化基础并不算好。但是，在接下来的3个月中，令人惊讶的是，张超展示出他的悟性和天分，当然还有惊人的毅力。他每天早起晚睡，把一切能用的时间都扑在学习上。遇见不懂的，就向老师和同学请教。高考后，岳阳七中出了一条爆炸性新闻：张超以优异的成绩考上了重点大学。而在这年，学校500多名学生，仅有两人考上重点大学……

遗体火化那天，全团飞行员去殡仪馆送张超最后一程。张超身上仍佩戴着二级飞行等级标志，其实，2016年3月他就被评定为一级飞行员，但由于工作流程的原因，一级飞行等级证章还没发到手上。团参谋长徐英摘下自己的一级飞行员标志，戴在张超胸前。对着张超的遗像，战友们说："兄弟，等着，我们很快带着你一起上舰！"

6月16日，张超牺牲后的第50天。站在张超坠地后的那片草地上，面对全体飞行员，戴明盟的声音沉着而冷静："同志们，张超是为人民海军航母舰载机事业牺牲的第一位英烈，他既是一座精神丰碑，更是我们前进的路标。他时刻提醒我们，未来的考验还很多，要走的路还很长。但不管有多少未知，有多少风险，我们都将朝

▲ 张超的英雄事迹激励着战友勇往直前

着既定目标勇敢前行！"迎着无垠的海天，戴明盟第一个，张叶第二个，徐英第三个……一架架"飞鲨"呼啸起航。

两个月后，8月16日，带着张超的照片，他的同班战友们成功降落"辽宁"舰。

在生死抉择瞬间，想到的依然是挽救战机；在生命最后时刻，最难割舍的还是上舰飞行。张超用自己的全部，诠释了对献身航母舰载机事业生死不悔的追求。

惊天一落是英雄，折翼跑道也是英雄。张超用自己年轻的生命，为中国航母事业立起了一座闪光的航标！